KB164476

불안이
내게
말을
걸어올
때

불안을 넘어서는
위드쌤의 마음 거울

불안이
내게
말을
걸어올
때

장병임 지음

연암서가

지은이 장병임

부산교육대학교를 졸업하고 초등학교 교사를 거쳐 미국 루이지애나주
슈리브포트에 있는 서던대학교에서 '유아교육(Early Childhood Development)'
과정을 수료하였다. 귀국 후 계명대학교 연합신학대학원에서
기독교상담코칭학과 석사, 같은 대학 일반대학원 신학과에서 기독교상담학
박사수료 후 전문상담사가 되었다. 현재 위드상담연구소 소장으로 있으면서
개인 및 부부상담을 진행하고 있으며, 대학과 교육청, 경찰청 등 공공기관과
일반인을 대상으로 부모교육과 마음 돌봄 강의, 그림책 마음 테라피,
공감인문학을 강연하고 있다.

홈페이지: https://withcounselingcenter.modoo.at/
인스타그램: https://www.instagram.com/with.counseling/
네이버 블로그: https://blog.naver.com/amazing365

불안이
내게
말을
걸어올
때

2022년 7월 10일 제1판 1쇄 인쇄
2022년 7월 15일 제1판 1쇄 발행

지은이 장병임
펴낸이 권오상
펴낸곳 연암서가

등록   2007년 10월 8일(제396-2007-00107호)
주소   경기도 고양시 일산서구 호수로 896, 402-1101
전화   031-907-3010
팩스   031-912-3012
이메일 yeonamseoga@naver.com
ISBN   979-11-6087-099-2 03180

값 15,000원

메두사의
모성애

얼마 전, 딸을 만났는데 예비 시어머니께 선물받은 핸드백을 들고 왔어요. 매끈한 블랙 송아지 가죽에 내부는 선명한 빨강색이었어요. 평소 브랜드에 문외한이었지만 그날따라 핸드백의 금장 로고가 눈에 들어왔습니다. 세계적으로 잘 알려진 브랜드 제품의 로고가 흉측한 메두사 형상이라니. 메두사의 치명적인 관능미, 쳐다보는 이를 얼어붙게 만드는 매력을 발산하려면 자기 브랜드의 제품이 필요하다는 뜻일까요? 내 눈에는 더이상의 매력이 필요치 않을 만큼 이쁜 딸이지만 메두사의 매력이 더해진다면 금상첨화겠지요.

저주받은 메두사

메두사에 대한 많은 설이 있죠. 그중 유력한 스토리는 세 자매

중에 가장 아름다웠던 메두사가 바다의 신 포세이돈과 아테네 신전에서 사랑을 나누다가 아테나 여신에게 저주를 받았다는 것입니다. 그 저주로 그녀의 미모는 온데간데없이 흉측하게 되고 매혹적이었던 머리카락은 가닥가닥 꿈틀거리는 뱀처럼 변해버렸어요. 사람들이 그녀를 보기만 해도 돌로 변해버린다는 것은 너무 가혹하지요. 아테나는 이 정도에도 만족하지 못하고 메두사의 목을 베어오라는 명을 받은 페르세우스를 도와 결국 메두사의 목을 손에 쥡니다. 메두사가 목이 베이는 순간에 그녀와 포세이돈 사이의 두 아들 페가수스와 크리사오르가 태어났습니다.

메두사는 고대 그리스어로 '보호자', '수호자'란 뜻입니다. 그래서인지 아테나 여신도 자기의 청동 방패에 메두사의 머리를 새겨넣었습니다. 고대의 건물에 메두사의 형상을 조각해 넣은 이유가 그녀가 저주를 받아 죽임을 당하면서까지 뱃속의 생명을 보호하고 지킨 수호심 때문일까요?

한편 프랑스어로 메두사는 해파리라는 뜻이 있다고 합니다. 청동 방패에 새겨진 메두사와 힘없이 바닷물결에 밀려다니는 해파리가 어떤 상관관계가 있는지 궁금하지 않나요. 알고 보니 해파리의 촉수에는 빽빽하게 독침 세포가 있는데 이 독침에 쏘

였다 하면 다섯 시간 만에 죽는 경우도 있다고 합니다. 상어에게 공격당해 죽는 사람보다 해파리 독에 사망하는 사람이 훨씬 더 많다는 것이 놀랍습니다.

메두사 엄마

메두사처럼 누군가는 자기의 재력으로, 사회적 지위로, 신체적 매력으로 다른 사람을 조종하기도 합니다. 또는 자신의 상처와 연약함을 무기로 상대의 선함과 죄책감을 볼모로 구속하기도 합니다. 사랑이라는 미명하에 자녀를 자기가 정해놓은 방식과 방향으로 조종하는 부모도 많습니다. 아직 어리고 미숙해서 불안하다고, 아니 성인이 된 자녀조차 불안해서 자기의 삶을 살도록 독립시키지 못합니다. 자기 속에 거대한 불안 덩어리가 있다는 것을 모르는 채로 말입니다. 정말 자녀를 사랑하고 걱정하는 것인지, 숨겨진 자기애의 그림자인지 볼 수 있다면 얼마나 좋을까요.

"너는 나의 진주야. 내가 너의 조가비가 되어줄게."

키티 크라우더의 그림책 『메두사 엄마』는 그리스 신화 속에서 메두사의 결말을 재창작한 작품입니다. 처형장에서 살아남은 메두사가 멀리 도망가서 딸을 출산한다는 설정입니다. 메두사는 끔찍이 아끼는 딸 이리제를 철저한 보호와 사랑의 감옥에서 키웁니다. 자기처럼 저주를 받아 머리카락이 흉측해질세라 태어나자마자 모자를 씌워 키웁니다. 공동체에서 상처받고 버림받을까 봐 사람들과의 교류를 처음부터 차단시킵니다. 이리제는 엄마의 머리칼 둥지에서 낮잠을 자고 머리칼이 떠주는 음식을 받아먹고, 엄마의 머리칼 안에서 모든 필요와 보호를 받으며 자라납니다. 메두사 엄마의 거대한 예기불안과 타인에 대한 의심의 끈이 이리제의 발목을 잡아맵니다.

어느 날 이리제는 아이들이 가방을 메고 학교에 가는 모습이 부러워 학교에 보내달라고 요청하지만 엄마가 가르쳐주겠다고 단칼에 거절해버립니다. 딸이 사랑스럽고 소중한 만큼 이리제가 다칠까, 잃을까 두려움에 휩싸였던 거겠죠? 엄마의 보호의 틀을 벗어나지 못하고 창밖에서 친구들이 노는 모습만 하염없이 쳐다보는 이리제를 위해 메두사 엄마는 중대한 결심을 합니다. 다음날부터 이리제는 드디어 학교에 가게 되었습니다. 그러나 학교를 마치면 친구들은 엄마. 할아버지, 언니들과 함께였지만 이리제는 혼자였습니다. 아이들이 엄마를 무서워할까 봐 학교에 오지 말라고 했거든요. 가족의 손을 잡고 가는 친구들을 부러워하고 있을 때 누군가 이리제를 부릅니다. 짧은 커트 머리에 부츠로 멋을 낸 낯선 여자, 바로 이리제의 엄마였습니다. 머리카락은 메두사의 정체성이자 위험과 적으로부터 자기를 지키는 보호막이었습니다. 그녀는 이제 메두사인 자기 자신으로 사는 것이 아니라 이리제의 엄마로 살기 위해 자기의 방패인 머리카락을 잘라버린 것입니다.

엄마가 달라졌어요

메두사 엄마 이야기를 하다 보니 아이들의 사춘기 때의 일이 생각납니다.

"엄마 때문에 이게 뭐예요? 이제 내 인생은 어떻게 되는 거죠? 내가 한국에 오기 싫다 했잖아요."

눈물만 뚝뚝 흘리며 고개 숙인 작은딸과는 달리 사춘기 혈기가 서린 눈을 부릅뜨고 나에게 대드는 큰딸의 울부짖음이 가슴을 후벼팠습니다. 그럴 만도 합니다. 우리 부부가 귀국하기로 결정했을 때, 아이들은 자기들은 미국에 남아 공부하게 해달라고 애원했었습니다. 다른 아이들은 부모를 떠나 미국으로 혼자 유학도 오는데 한국말이 신통찮은 자기들이 한국에 가서 적응하기 어렵다고 두 딸은 미국에 남게 해달라고 부탁했죠. 미국에서 10여 년을 커왔기에 한국말은 일상 회화 수준인 아이들이 한국에서 입시경쟁을 하는 것이 버겁다는 것을 알면서도 아이들을 떼놓고 온다는 것은 더더욱 두려웠습니다. 귀국하자 예상대로 바닥을 치는 성적은 고사하고 학생주임이 몽둥이를 들고 위협하는 학교 분위기, 지각이라도 하면 바닥에 달라붙은 껌을 떼야 하는 학교 문화에 적응하는 데 시간이 꽤 걸렸습니다. 밤 11시가 넘도록 집에 돌아오지 않는 큰아이를 찾으러 동네를 샅샅이 헤매던 때도 있었지만 몇 년 지나자 아이의 방황도 잦아들고 성적도 중상위권에 진입했습니다.

4년 후 대학 전공을 고민하던 아이들은 다시 미국으로 보내주면 전과목 A를 받도록 최선을 다하겠다는 도전장을 내밀었습니다. 부모의 두려움과 자녀의 자율성의 한판 승부가 벌어진 셈입니다. 메두사 엄마처럼 보호본능이 솟구쳐 올라와 한동안 아이들과 팽팽한 힘겨루기를 했습니다. 현실을 피해 도망가려는 것이 아니라 자기 미래의 간절한 열망을 확인하며 결국 엄마인 내가 굴복할 수밖에 없었습니다. 미국의 대입을 준비하는 과정에서 아이들은 한국에서의 4년의 갭을 메우느라 또 한 번의 홍역을 치렀지만, 약속대로 큰아이는 임상심리학 박사가 되어 연방정부가 운영하는 병원에 취업했고, 작은아이는 피부과 의

사 레지던트 과정을 밟고 있습니다. 한국의 치열한 성적과 입시 경쟁력이 한몫했으리라 여겨집니다.

불안의 파도를 넘어

나를 비롯한 모든 부모는 자기의 내적인 불안 때문에 자녀들을 제약합니다. 우리 또한 그런 부모 아래서 성장해왔습니다. 그러나 자녀는 부모로부터 인간의 본성인 자유를 쟁취하기 위해 몸부림칩니다. 부모가 거부적일 때 자녀는 자기 무능감, 분노 등의 부정 정서를 느끼고 자기의 감정을 인식하고 조절하기 어려워합니다. 대부분의 부모는 자녀가 요구하는 선택과 자유의 권리를 인정한다는 것이 쉽지 않습니다. 예측과 통제 불능의 불안을 넘어야 하는 일이기 때문입니다. 삶에 긴장과 압박이 많은 부모일수록 자녀의 반응에 유연하게 대처하지 못하고 강하게 억압합니다. 부모의 권리와 영향력을 포기하는 과정에서 발생할 수 있는 새로운 스트레스를 두려워하기 때문입니다. 그러나 메두사 엄마가 자기의 생명을 보호할 수 있는 방패였던 머리카락을 자른 것은 자기의 불안으로 딸을 묶고 조종하고 있었다는 자기의 근원적인 불안을 깨달았기 때문입니다. 자녀를 사랑하는 방법이 위험한 것들로부터 방어하고 가두는 것만이 아님을 알았기에 스스로 그 끈을 풀 수 있었습니다.

자녀, 연인, 배우자, 내가 사랑하는 만큼 그 대상의 내면 욕구와 잠재력을 보는 눈이 필요합니다. 자기 자신의 좌절된 욕구를 상대를 통해 성취하려는 마음, 나처럼 실패할까 두려워하는 마음을 내려놓아야 합니다. 자기 내면에 있는 불안의 깊이를 볼수 있는 성숙한 부모는 자녀에게 자기 인생의 주도권을 돌려줄수 있고 연인과 배우자도 있는 그대로를 수용할 수 있습니다. 내면의 불안은 자기 자신과 타인에 대한 인식을 왜곡시키고 관계 속에서 만족과 기쁨을 빼앗아갑니다. 누구에게나 있는 불안감이 자기의 삶을 불행으로 이끌어가지 않게 그 파도에 유연하게 반응하기를 원하는 분들께 이 책이 전해지기를 바랍니다.

이 책은 불안으로 인한 다양한 심리적 증상을 겪고 있는 상담사례를 영화, 그림책, 명화 등으로 쉽게 풀어 설명했습니다.

제1부에서는 불안이 내면에서 일으키는 다양한 증상을 탐색합니다. 제2부에서는 내면의 불안이 연인, 부부, 자녀, 그리고 사회적 관계에서 일으키는 갈등과 문제를 탐색하고 솔루션을 모색합니다. 제3부에서는 불안의 원인을 대상관계 이론을 바탕으로 조명하며 결핍과 상처를 직면시키고 위로합니다. 마지막 제4부에서는 누구에게나 있는 그 불안을 딛고 자기만의 인생

그림을 담대하게 그려나가는 성장기를 담고 있습니다.

각 꼭지마다 제공되는 마음 거울 질문지를 통해 대면 상담이 아니더라도 자기의 마음을 비춰보며 셀프 상담 코칭이 가능합니다. 상담전문가의 질문에 답하다 보면 이전에 의식하지 못했던 내면의 문제의 원인과 솔루션을 찾게 될 것입니다. 성장은 자기의 현 위치를 아는 데서부터 시작됩니다. 어제보다 나은 오늘을 위한 당신의 힘찬 걸음을 응원합니다.

2022년 5월

장병임

차례 :

제1부

내 안의
불안

해리　　:

깨지지 않는
병

심리학자 해리 스택 설리번(Harry Stack Sullivan)은 우리의 삶에 지대한 영향을 주는 사람을 '의미 있는 타자(significant others)'라 불렀습니다. 사람은 태어나면서부터 자기에게 중요한 사람들과 관계를 맺고 그들을 모델링하면서 자기(self)를 만들어갑니다. 모델의 대상은 부모, 스승, 또는 책의 위인이 될 수도 있어요. 생애 초기의 중요한 대상과의 관계 경험은 일생 동안 타인과의 관계에 반복되고 재현됩니다. 어린 시절의 의미 있는 타자에게 받은 관심과 지지는 자기 자신이 가치 있다는 자기가치감을 형성하는 데 긍정적인 영향을 미칩니다. 반면에 의미 있는 타자의 부재나 상실은 자기가 파괴될 것 같은 고통을 안겨줍니다. 이럴 때 우리는 자기를 보호하기 위해 거짓자기로 살아가기 쉽습니다. 참자기로 살아가지 못하는 사람은 자기의 욕구를 알아차리거나 진실된 사랑의 관계를 맺는 것이 어려워집니다. 그러나 살아가는 동안 누군가에게 있는 그대로의 자기가 받아들여지는 경험을 하게 된다면 참자기를 회복할 수 있습니다. 우리 개인의 고유한 성격 형성과 삶에 있어 의미 있는 타자가 미치는 영향을 다시 생각하게 됩니다.

여러분에게 '의미 있는 타자'는 누구인가요? 행복한 순간에 함께 하고 싶은 사람, 인생의 어두운 골짜기에서도 내게 손 내밀어 줄 사람, 그 사람이 더이상 나와 함께 하지 않게 된다는 것을 상상할 수 있나요?

가끔 상실의 아픔으로 힘들어하는 분들을 만납니다. 부모의 죽음, 연인과의 이별, 이혼, 가족의 죽음 등은 사람이 경험하는 스트레스 중에 가장 고통스럽다는 것은 잘 알려져 있는 연구입니다. 의미 있는 타자와의 이별은 자신의 존재가 흔들리는 경험입니다.

나는 고등학교 3학년, 수능을 한 달 앞둔 시기에 아버지를 교통사고로 잃었습니다. 현실에서 벌어졌지만 믿을 수 없었습니다. 나 자신의 정체성도 제대로 정립되지 않았던 시기에 맞닥뜨린 아버지의 부재는 나와 우리 온 가족의 삶을 뒤흔들어 놓았습니다.

부정과 수용 사이

엘리자베스 퀴블러 로스의 '죽음의 5단계'가 거짓말처럼 내 삶에 찾아왔던 것입니다. 아버지의 죽음을 받아들일 수가 없었습니다. 왜 하필 지금이냐고 분노하고 억울해하기도 했습니다. 살려만 달라고 내가 잘못한 일들을 토해내며 하나님께 울며 매달렸습니다. 현실적으로 불가능한 것을 깨닫게 되면서 나와 우리 가족은 아버지라는 단어를 입에 올리기도 두려웠던 시기를 보내야 했습니다. 아버지가 더이상 우리와 함께하지 않는다는 사실을 인정하기까지는 많은 시간이 걸렸습니다. 금방이라도 대문을 열고 들어오실 것만 같아 문을 열어본 적이 한두 번이 아니었습니다. 나는 아버지와의 이별이 준 슬픔을 다스리기 바빠 마흔두 살의 나이에 배우자를 잃고 두려움에 몸부림쳤을 엄마를 위로해줄 여유가 없었습니다. 언제까지나 우리와 함께하리라 여겼던 사람을 떠나보내고 남겨진 사람들이 서로를 보듬어줄 겨를도 없이 마음이 얼어붙어 버린 것입니다.

내 마음만은 안전해

세상에 대한 호기심과 상상으로 가득하던 소녀가 겪게 되는 소중한 사람과의 갑작스러운 이별을 담은 이야기가 생각납니다. 올리버 제퍼스의 그림책 『마음이 아플까 봐』입니다. 주인공 소녀는 그녀를 지극히 사랑하는 할아버지와 함께 밤하늘의 별과 바다에 대한 신비로움을 즐기곤 했습니다. 소녀는 새로운 사실을 알 때마다 기쁨에 겨워했고 그 기쁨을 그림으로 표현하기를 좋아했습니다. 가끔 붉은색 융단 의자에 앉아 소녀에게 책을 읽어주던 할아버지는 소녀의 양육자이자 보호자, 친구이자 호흡 같은 존재입니다. 어느 날, 그토록 다채로웠던 소녀의 일상이 무채색으로 변하기 시작합니다. 바로 할아버지의 빈 의자를 보면서부터입니다.

소녀는 마음이 아플까 봐 잠시 마음을 빈 병에 넣어두기로 합니다. 마음이 든 작은 병을 목에 걸고 다니자 별과 바다, 세상에 대한 열정과 호기심이 다 사라졌습니다. 소녀가 성장하면서 병은 점점 무거워져서 많이 불편했지만 마음만은 안전했습니다. 그러던 어느날 바닷가에서 어린 시절의 그 소녀만큼 호기심으로 가득한 작은 아이를 만났습니다. 그러나 그녀는 마음이 없어 그 아이가 묻는 말에 대답해줄 수가 없었습니다. 그녀는 마음을 꺼내려고 망치로, 톱으로 온갖 방법으로 노력해 보았지만 소용이 없었습니다. 방법을 아는 곳으로 병이 굴러간 것일까요? 바닷가에서 만난 작은 아이가 아주 쉽게 마음을 꺼내 그녀에게 줍니다. 그제야 마음은 제자리로 돌아왔습니다. 병은 비워지고 의자는 채워졌습니다. 주인공은 이제 미소를 띠며 할아버지의 의자에 앉아 책을 읽고 있습니다.

해리에서 통합으로

소녀가 할아버지의 부재를 경험했을 때 자기가 파괴될 만큼 아프고 두려웠기에 마음을 떼 내어 버렸습니다. 이는 강한 부정과 분노의 표현입니다. 현실을 회피하려 자기해리를 감행한 것입니다. '해리(dissociation)'는 감당할 수 없는 일을 만났을 때, 자기의 기억, 사고, 감정 등을 격리시키는 것을 말합니다. 경미한 해리성 증후를 비롯해 심각한 해리성 장애까지 범주가 다양합니다. 이 소녀는 자기 세계의 단 한 사람, 중요한 타자인 할아버지의 상실 앞에서 그 슬픔을 감당하기 어려워 마음을 자기에게서 분리시킨 것입니다. 소녀의 말대로 점점 목이 무거워지긴 했지만 마음만은 괜찮았을 수도 있습니다. 시간이 흘러 어느 순간 그 마음을 꺼내고 싶었지만 그럴 수 없었지요. 조그만 충격에도 쉽게 깨어져야 정상인 유리병이 망치로도 톱으로도 깨어지지 않았다는 의미는 무엇일까요?

우리 마음은 작은 충격에도 불안에 휩싸이기 쉽기도 하지만 세상과 고립되고 단절되면 화석화되어 회복이 어렵다는 의미를 내포하고 있습니다. 그렇게도 세계에 대해 흥미와 관심이 가득했던 아이가 세상에 대한 희망이 사라지고 삶은 무기력해졌습니다.

마음이 분리되었기에 할아버지의 죽음을 수용하는 단계로 나아갈 수가 없었던 것입니다. 그녀에게서 분리된 마음을 통합하는 방법은 무엇일까요?

바닷가에서 만난 작은 아이를 주목해봅니다. 그 아이는 누구일까요? 단 한 번도 마음을 꺼내고 싶은 적이 없던 그녀가 유리병을 깨뜨리려 무수히 노력하게 만든 존재는 과연 누구일까요?

마음의 문고리는 안에만 있기에 그 마음은 자기 스스로밖에 열 수 없다는 말이 있습니다. 마음을 잃어버린 그 시점, 그 어린 시절의 자아가 내면에서 간절히 마음을 두드리고 있었던 것입니다. 그녀가 자기 내면의 소리에 귀 기울이고 반응하기 시작했을 때 병이 열렸습니다. 그 아이는 바로 소녀 자신이 아닐까요?

그 어떤 상처라 할지라도 부정하고 회피하는 동안은 치료되지 않습니다. 조각난 나의 마음을 도려낸 채 괜찮은 척하는 삶은 진짜 나의 인생이 될 수 없습니다. 소녀는 직면하기 힘들어 멀리했던 할아버지 의자의 먼지를 털고 그의 손때가 묻은 책을 다시 펼쳤을 때 할아버지의 부재를 수용할 수 있었습니다.

내 삶에 없어서는 안 될 의미 있는 타자, 그 사람의 말 한마디, 그 사람과의 추억은 여전히 우리가 살아있다는 것을 느끼게 해줍니다. 그의 부재로 내 삶의 뿌리까지 흔들리는 그때가, 그 사람이 나에게 쏟은 사랑과 위로의 힘으로 일어설 때입니다. 그는 이 순간 내 옆에 없지만 영원히 내 가슴속에 살아있기 때문입니다. 할아버지는 소녀에게, 나의 아버지는 나에게 "너도 누군가의 의미 있는 타자가 되어라"라고 속삭이지 않을까요?

위드쌤의 마음 거울

1. 나에게 의미 있는 타자는 누구인가요?

....

2. 지금 그가 내 곁에 없다면 그 사람이 나에게 어떤 말을 해주고
싶을까요?

....

이혼 :

상처가
진주가 되려면

우리 모두는 어쩌다 우리 인생에 들어온 모래 알갱이 하나쯤 가지고 있습니다. 예상치 못한 문제들과 난관을 만났을 때 우리는 고통스러워 몸부림치게 됩니다. 그 모래로 인해 우리의 삶에 생채기가 생기지만 견뎌냄의 시간 속에서 모래알은 어느새 진주로 탈바꿈하게 되지 않을까요? 아니 우리의 삶이 진주가 되어간다고 할 수 있겠죠.

아름다운 진주처럼 단아한 한 여인을 만났습니다. 조금씩 자신의 이야기를 열어가는 그녀의 삶에도 그녀의 마음을 흠집 내는 모래알이 있었음을 알게 되었습니다. 그녀는 직장에서 대인관계가 힘들어 이직을 고민한다는 말을 떼자마자 눈물을 봇물처럼 쏟아내었습니다. 늘 그렇듯 상담의 첫 회기 호소 문제는 내담자의 진짜 고민이 드러나지 않는 경우가 많기에 조심스레 직장에서의 관계상황을 탐색해가기 시작했습니다.

그녀는 최근에 지점을 옮겼는데 바로 직속상관과의 관계에 어려움을 겪고 있었습니다. 그녀는 6여 년 전, 거의 10년 가까이 끌어오던 이혼서류를 정리했답니다. 직장 상사와의 결혼이었기에 지점을 옮겨도 이혼의 꼬리표는 지겹도록 붙어 다녔다는 건 충분히 짐작이 갑니다. 하필이면 얼마 전 옮긴 지점의 직속상관이 자신의 전남편과 아는 사이라 매일이 긴장의 연속이라 더이상 직장생활을 하기 어렵다고 했습니다.

누구에게나 감추고 싶은 자신의 어두운 그림자는 있기 마련이지만, 그녀에게 이혼은 자기에게 상처일 뿐 아니라, 당신 딸을 그 누구보다도 자랑스럽게 여기며 아버지 없이 홀로 자신을 키워 온 엄마에게 실망과 고통을 안겨주었다는 죄책감까지 더해주는 것이었습니다. 이혼 후 그녀는 어떤 이성과도 만나지 않을 뿐 아니라 거의 대인관계에 벽을 쌓고 있습니다. 알고 지내던 이성이 자기에게 관심이라도 보이면 먼저 연락을 차단한다고 합니다. 자신의 과거를 알게 되면 떠날 것이 분명하기에 서로 상처를 주고받지 않으려 보호막을 치는 겁니다.

관계 속에서 상처를 입었다 할지라도 우리는 관계를 추구하는 존재이기에 새로운 관계 속에서 상처를 치유 받고 성장해가야 한다는 원리를 그녀는 인정할 수가 없었습니다. 인간 OOO이라는 사람에게 이혼이라는 조각 하나가 자신의 전체를 대체

할 수 없는데, 그녀는 이혼에 대한 편견과 평가에 자신을 묶은 채 스스로의 감옥에 갇혀 지내고 있었습니다.

그녀는 자신의 성격특성과 강점을 파악하게 되면서 점차 자존감이 향상되어 갔습니다. 표면적인 호소 문제였던 이직은 자신이 생각하는 약점인 이혼 딱지로부터의 도피였음을 깨닫게 되었습니다. 그렇다고 그녀의 열등감의 원천인 이혼이라는 문제는 삶에서 제거될 수 없기에 여전히 그녀의 인생의 무늬로 남아 있습니다. 이혼이라는 감출 수 없는 무늬를 재해석하는 방법을 찾기 위해 그녀와 함께 그림책 『아나톨의 냄비』를 읽었습니다.

꼬마 아나톨

꼬마 주인공 아나톨은 친절하고 사랑스러운 아이입니다. 그림도 잘 그리고 인사도 곧잘 합니다. 그런 아나톨의 옆에는 늘 커다란 냄비가 하나 있습니다. 그 냄비 때문에 길을 갈 때 걸려 넘어지기도 하고 친구들과 나무에 오를 때도 힘들어합니다. 사람들은 아나톨의 친절한 성품과 많은 재능에 주목하기보다 아나톨의 냄비를 먼저 알아보았습니다.

어느 날, 한 아주머니와의 만남이 아나톨의 인생을 완전히 변화시키는 계기가 됩니다. 아주머니는 아나톨에게 냄비를 딛고 높은 곳에 올라가는 법을 가르쳐주었고, 냄비를 배드민턴 채로 사용하며 게임하는 것을 도와주기도 했습니다. 그때부터 아나톨의 냄비는 점점 작아졌고 아주머니는 자기에게 있는 냄비를 보여주면서 냄비를 가릴 수 있는 가방을 만들어주었습니다. 이제 아나톨은 더이상 냄비를 부끄러워하지 않게 되었고 사람들은 아나톨의 밝은 미소와 그림을 칭찬해주기 시작합니다.

그녀는 아나톨처럼 상냥한 성품을 가지고 있고 직장에서도 능력을 인정받아 승진이 빨랐습니다. 그럼에도 불구하고 이혼이라는 냄비는 그녀의 얼굴을 그늘지게 하고 사람들과의 관계를 후퇴하게 만드는 그녀의 아킬레스건이 되어 있었습니다.

그림책을 읽은 후, 그녀는 자기의 냄비도 없앨 수는 없겠지만 작아졌으면 좋겠다고 했습니다. 어떻게 하면 냄비가 작아지게 될까요? 그녀는 스스로 답을 찾아갔습니다. 아나톨의 마음이 커져서 냄비가 상대적으로 작아진 것처럼, 이혼에 대한 시각과 다른 사람의 평가에 대해 넓은 마음을 가지면 자기의 냄비도 작아질 것 같다는 결론을 내렸습니다.

냄비라는 벽을 넘어서

그녀가 마음을 넓힐 수 있는 방법 세 가지를 생각해 봅니다.

첫째, 상처를 부정하지 말고 수용해야 합니다.

결혼도 이혼도 나의 선택이었기에 그 당시 나의 결정을 존중해야 합니다. '과거의 나'를 수용하지 못하고 부정한다면 현재의 삶을 건강하게 살아갈 수 없습니다. 나의 인생이라는 전체

그림에 이혼이라는 작은 조각을 떼내려 하지 말고 그 일로 인해 입은 나의 상처를 충분히 위로하고 보듬어주는 것이 필요합니다. 이혼이라는 꼬리표가 부끄러워 자신의 깊은 아픔을 직시하지 못했다는 것은 자기의 일부가 자기 인격 전체에 의해 부정당하는 셈입니다. 언제 어디서 어떻게 만들어진 무늬라 할지라도 그것은 나만의 고유한 삶의 경험이기에 내가 품어주어야 합니다. 아이가 엄마의 충분한 관심과 사랑의 애착을 경험해야 세상을 향해 한걸음씩 나아가듯이 과거의 나의 터 위에서 나는 현재를 살아갈 수 있기 때문입니다.

두 번째로, 내가 무엇을 원하는지 알아야 합니다.

연애를 하든, 일을 하든 먼저 내가 무엇을 원하는지 알아야 다른 사람이나 사회의 잣대에 휘둘리지 않습니다. 나와 다른 사람은 삶의 스타일도, 관계 취향도 다를 수 있다는 개방적인 태도를 가져야 합니다. 서로 다를 뿐이지 그도 나도 틀린 것이 아니라는 뜻입니다. 이별 이전, 내가 느꼈던 사랑의 감정과 이별의 상처, 그 모든 감정과 관계도 의미가 있음을 잊지 말아야 합니다. 그리고 나는 지금 또 다른 상처가 겁이 나서 새로운 만남을 두려워하는지, 혼자만의 시간을 보내는 것을 스스로 선택했는지, 자기의 욕구를 발견해야 합니다. 두려움으로 회피하고 후퇴하는 시간은 또 다른 후회를 낳게 되니까요.

세 번째, 시선을 과거에서 현재로 가져와야 합니다.

사람들이 나의 약점인 냄비에 주목하지 않도록 나만의 냄비 가방을 만들어야 합니다. 아나톨처럼 우리 모두에게는 저마다의 강점이 있습니다. 아나톨이 친절하고 그림을 잘 그렸던 것처럼 나만의 고유한 재능을 발견하고 가꾸며 살아야 하는 것입니다. 이미 내가 가지고 있는 강점 가방을 잘 활용하면 좋을 것입니다. 그녀의 친절한 언어습관과 부드러운 미소는 이미 충분히 좋은 가방입니다. 다른 사람은 현재의 나에게 주목하고 매력을 느끼는데 나만 과거 상처에 시선을 고정시키고 있지는 않나요?

우리의 삶에 초대하지 않았지만 불쑥 들어와 있는 모래알같이 우리를 힘들게 하는 상처들, 누군가 나에게 던진 한마디부터 오래되어 내 피부처럼 내게 붙어 있는 크고 작은 아픔들을 어떻게 대해야 할까요? 아직도 티격태격하며 떨어져 나가라고 밀어내느라 오히려 내 삶에 생채기를 내고 있지는 않는지 더듬어 봅니다. 그 모래가 우리의 인생을 빛나게 해주는 진주가 되기 위해서 잘라내야 할 것은 버리고, 가꾸고 취해야 할 것은 붙들어야 합니다.

1. 나에게 있는 아킬레스건, 아나톨의 냄비는 무엇인가요?

2. 냄비를 가리기 위해 어떤 가방을 만들 수 있을까요?

그림자　　　:

내 안의 낯선
나

로맨틱하고 코믹한 장르를 좋아하는 아내와, 스릴러나 액션이 아니면 영화 취급하지 않는 남편, 혹 우리 부부만 그런가요? 드라마를 볼라치면 어느새 스포츠와 뉴스 채널로 돌리던 남편이 어느 날 함께 드라마를 보다 눈가가 촉촉해진다면 참 낯설게 느껴지지 않을까요? 고분고분하던 아내의 목소리가 커지기 시작한다면 인생의 정점을 지나 중년을 맞이한 것입니다. 갱년기라는 통과의례를 지나며 여성은 이제까지 가족을 위해 참고 희생했던 억울함을 터뜨리기도 하고, 반대로 아내의 호전적인 행보에 이전과는 달리 남편이 누그러진 반응을 보이는 이유가 무엇일까요?

　분석심리학의 창시자이자 정신과 의사인 칼 융(Carl Gustav Jung)에 의하면 중년 이전의 삶은 인생의 오전으로 성공과 성취를 향해 달려가지만, 정오를 지나 오후가 되면 이타성과 공동체에 대한 관심이 삶의 원칙이 됩니다. 인생의 전반기에는 무한한 생명의 에너지가 외부를 향해 있었다면 중년 이후는 몸과 마음이 약해지고 생명의 유한함을 느끼며 내면을 돌아보게 됩니다. 비로소 진정한 자기를 찾아가는 여정에 들어서는 것입니다. 어떤 사람들은 '지금 – 여기(here & now)'에 집중하면 되지 과거나 의식되지 않는 부분까지 꼭 들여다봐야 하는지에 의문을 제기하기도 하지만, 우리의 의식은 무의식이라는 강력한 에너지에 의해 움직이는 것이기에 겉으로 드러난 현상만 보는 것은 전체를 간과한 지엽적인 관점이 될 수 있습니다. 현재라는 선(線)이 만들어지기 위해서는 과거의 무수한 점들이 있었다는 사실을 간과해서는 안 됩니다.

분석심리학의 창시자 융이 말하는 '자기(自己)'는 의식과 무의식을 통합한 전체의 자기를 의미합니다. 그에 비해 '자아(自我)'란 의식되는 자기의 일부분입니다. 삶은 '자아(自我)'가 전체 '자기(自己)'를 발견해 가는 과정입니다. 무의식 저 밑에 있는 진짜 자기를 들여다보고 그 목소리에 반응하는 것입니다. 융은 이것을 자기실현, 개성화 과정이라 일컬었습니다. 진정한 나를 알기 위해서는 나의 내적 세계를 통합하여 다른 사람과는 다른, 자기의 전인성을 회복해야 한다는 의미입니다. 자기실현은 전 생애를 통해 이루어지지만 중년기가 되면서 가속화됩니다. 이

개성화의 과정에서 우리는 인정하기 힘든 자신의 부끄럽고 약한 부분을 발견하고 당황스러워합니다.

늑대 속의 토끼

강한 겉모습과 달리 겁 많고 연약한 자기의 내면과 맞닥뜨린 늑대의 이야기가 생각납니다. 조수경 작가의 그림책『마음샘』입니다.

어느 날 늑대는 자기도 모르는 사이에 자기 마음에 들어와 있는 토끼를 만납니다. 늑대는 자기처럼 용감한 동물의 마음샘에 토끼가 있다는 것을 인정할 수 없었습니다. 혹 이 사실이 누군가에게 알려질까 봐 토끼를 내쫓으려고 겁도 주고 소리도 질러 보았지만 토끼는 꼼짝도 하지 않았습니다. 시간이 흘러가는 동안 늑대의 눈에 토끼가 좀 영리해 보이기 시작했습니다. 결국 늑대는 수치스러워 밀어내고 싶었던 자기의 내면을 수용하게 됩니다. 마침내 내면의 토끼와 화해하고 춤을 추게 됩니다. 이제는 다른 동물들에게 들켜도 괜찮다고 마음먹었을 때 이상한 일이 벌어졌습니다. 다른 동물들도 다 저마다의 마음샘에 그들만의 창피스러운 존재들을 보여줍니다. 동물의 왕 사자는 수줍은 노루가, 교활한 뱀에게는 나풀거리는 나비가 숨어 있었습니다. 늑대가 자기의 부끄러운 모습 그대로를 드러내었을 때 그들은 서로의 부족함을 보듬어주는 평화로운 공동체가 되었습니다.

늑대가 숨는다고 토끼가 없어지는 것도 아니고 쫓아내려고 해도 사라지지 않았습니다. 늑대 본성의 일부였기 때문입니다. 중년 이후에도 자기 내면의 소리에 귀 기울이지 못하고 성공과 성취에 집착하는 사람은 심리적 부적응을 겪게 됩니다. 자연스럽게 발현되는 내 안의 나를 직면하고 수용하는 용기를 통해 나의 개성이 실현되는 것입니다. 늑대가 토끼와 처음 춤을 출 때 서로의 발을 밟기도 하고 어색했겠지만 서서히 하나가 되어간 것입니다. 늑대 이야기는 우리 모두의 이야기입니다. 우리는 자신을 그럴듯하게 포장한 사회적 자기로 살아가지만 저마다 내면에는 인정하기 싫은 못마땅한 모습이 있기 마련입니다.

여러분의 마음 샘에는 어떤 존재가 있나요?

자아에서 자기로

칼 융의 인간의 정신구조 모형의 가장자리 부분에는 의식영역인 자아가 있습니다. 자아는 사회가 요구하는 역할을 수행하기 위한 외적 인격인 가면, 페르조나(persona)를 씁니다. 성격(personality)의 어원이 되는 페르조나 아래에는 사회적 자기로 인정받지 못한 나의 부끄러운 부분을 무의식으로 밀어넣은 그림자가 존재합니다. 그림자는 콤플렉스 덩어리입니다. 부모나 다른 사람이 요구하는 자기의 외적인 부분에 치우칠수록 그 뒤의 그림자는 더 어두워질 수밖에 없습니다. 그림자는 외면하고 억압할 것이 아니라 나의 일부로 인정하고 수용해야 합니다. 고통

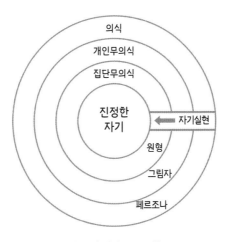

칼 융의 정신구조 모형

스럽고 인정하기 어려워도 그 과정을 통해 진정한 자기의 전인성을 회복할 수 있습니다. 그림자 아래에는 개인 무의식과 집단 무의식의 심층 영역이 있습니다.

개인 무의식에는 남성에게 있는 여성성 아니마, 여성의 남성성인 아니무스가 존재합니다. 중년 이후 여성은 자기 안의 남성성 아니무스가 발현되어 가정에서 목소리를 높이며 자기를 찾으려 몸부림칩니다. 남성 속의 아니마를 알아차리고 수용하는 남성은 이전보다 부드러워지고 참을성이 많아집니다. 자기의 깊은 내적 세계에 도달하기 위해서는 남성은 자기의 아니마, 여성은 아니무스를 통합해야 합니다.

한국 사회는 특히 체면이 중시되는 사회이기 때문에 페르조나는 집단 무의식에도 뿌리내려져 있습니다. 개인 무의식과 집단 무의식의 아래, 우리 내면의 가장 깊은 곳의 자기(self)는 의식과 무의식을 통합하고, 내면의 모든 콤플렉스와 아니마 아니무스의 균형을 이루는 역할을 합니다. 자기실현은 의식표면의 자기의 일부인 '자아'가 자기 내면의 모든 파편들을 통합하여 진정한 자기가 되는 과정입니다. 결국 자기실현이란 높은 지위에 오르고 많은 것을 가지고 다른 사람에게 큰 영향을 끼쳐야 하는 것이 아니라 내 안과 밖의 고유함을 인정하고 수용하는 것이라 할 수 있습니다. 부모나 사회가 인정할 만한 '나', 곧 페르조나가 나의 고유한 개성을 훼손시키지 않도록 외부와 내면의 조화를 이루어야 합니다.

마음의 거울에 비친 내가 어색하고 당황스러운 만큼 우리의 내면과 사회적인 '나' 사이의 괴리가 크다는 것을 의미합니다. 그림책 속의 늑대처럼 정글에서 살아남기 위해 강인함을 드러내려다 보니 토끼 같은 연약함은 콤플렉스가 되어 무의식 속으로 던져진 것입니다. 나의 그림자를 외면하고 다른 사람이 요구하는 모습에만 치중하는 삶은 공허하고 무의미해질 뿐입니다. 나의 마음샘에 어떤 존재가 있더라도 그와 인생의 댄스 파트너가 되어 첫발을 떼어야 합니다. 어색한 한 스텝 한 스텝을 옮기다 보면 어느새 나는 내 인생을 사랑하고 즐기는 최고의 무용수가 되어 있을 것입니다.

위드쌤의 마음 거울

1. 현재 내가 쓰고 있는 페르조나(부캐)는 어떤 것인가요?

2. 현재 내가 그 페르조나를 쓰게 된 이유는 무엇인가요?

3. 나의 페르조나 이면에는 나의 그림자(콤플렉스 덩어리)가 있습니다. 내가 감추고 싶은 나의 그림자는 무엇인가요?

비판 :

그놈
목소리

어느 날, 두꺼비 나라에서 높은 탑에 올라가기 대회가 열렸습니다. 경기가 시작되자 구경꾼들은 야유를 퍼부어댔습니다.

"어림도 없지! 두꺼비가 어떻게 저렇게 높이 올라갈 수 있단 말이야? 분명히 실패할 거야!"

그 말을 들은 몇몇 두꺼비들은 바로 자신감이 무너져 나가떨어졌습니다. 그 와중에도 열심히 탑을 오르는 두꺼비들이 있었지만 구경꾼들은 쉬지 않고 떠들어댔습니다. "아주 힘들어 보이는구먼, 탑 꼭대기까지 오르기는 글렀어!" 그러자 대부분의 두꺼비가 체념한 채 오르기를 포기해버렸습니다. 이제 단 한 마리의 두꺼비만 남았습니다. 그 두꺼비는 구경꾼들의 야유에도 전혀 신경 쓰지 않고 꼭대기를 향해 계속 올라갔습니다. 결국 두꺼비는 탑 정상에 올라 승리했습니다. 그 두꺼비의 집념이 대단

합니다. 그 두꺼비는 청각장애를 가지고 있었습니다.

채널을 돌려라

마지막 승자의 귀가 열려 다른 이들의 야유와 조롱을 들었다면 과연 끝까지 올라갈 수 있었을까요? 들을 수 있는 것이 축복이기도 하지만 오히려 자기의 삶을 가로막는 장애가 될 수도 있다는 것을 기억해야겠습니다. 때로 우리는 다른 사람의 시선과 평가를 의식해서 자기가 원하는 것을 추구하지 못하고 지레 겁을 먹기도 합니다. 이때 우리는 자기의 선택과 결정에 대한 확신이 어떠한가를 스스로 평가해볼 수 있습니다. 밖에서 들려오는 작은 소리에도 기준점이 바뀌고 무너진다면 스스로를 존중하지 않는 것이라 할 수 있습니다. 타인의 야유에 의기소침해져서 자기의 목표를 포기한 두꺼비들처럼 말입니다. 기준점 없이 이 사람 저 사람의 조언을 따라가다 보면 어느새 출발 당시의 방향과는 멀어지게 됩니다. 부모님이나 선생님이 칭찬해주면 힘이 나기도 하지만 나 스스로가 나를 인정하지 않는다면 다른 사람의 칭찬과 평판이라는 줄에 끌려다니는 신세가 되고 맙니다.

상담사인 나 자신도 새로운 프로젝트를 시작해 10여 년 공들인 일이 누군가에게 평가절하되고, 재능기부를 한 일에 어떤 이익을 얻는 것처럼 오해를 받았던 적이 있습니다. 심리적 맥이 끊기는 것 같이 일어서기 힘들었습니다. 가치 있고 보람 있는 일이라 생각되어 소중한 시간과 에너지를 희생하며 견뎌 왔습니다. 여러 차례 그만둘 위기가 있었지만 좋은 기회들을 포기하면서도 말입니다. 누군가를 도와주고 공동체의 유익을 위하는 일에 기여한다고 생각했기에 다른 사람들의 인정이 굳이 필요 없다고 생각했지만 나 역시 누군가와 함께 살아가는 존재기에 외부의 소리로부터 자유롭기는 어려웠습니다.

이런 상황을 만났을 때 우리가 잊으면 안 되는 것이 있습니다. 나를 비난하고 흠집 내려는 사람들의 목소리의 볼륨을 낮추고 나를 인정하고 필요로 하는 채널로 전환해도 된다는 것입니다. 볼륨 조절이 고장 난 기계라면 과감히 꺼야겠지요. 지금도 다 치유되지 못한 내면의 상처가 한 번씩 눈시울을 뜨겁게 하지만 그 일을 계기로 나는 새로운 길을 찾았고 내 영역을 확장해 나가고 있습니다. 나의 존재가치가 땅에 떨어진 것같이 힘들 때 펼친 그림책은 나에게 다시 일어설 희망과 용기를 주었습니다.

내가 어떤 사람인지는 내가 결정한다

작가 맥스 루카도의 책 『너는 특별하단다』에는 다른 사람의 평가에 주눅 들어 살던 사람이 변화된 이야기가 나옵니다. 작은 나무 사람 펀치넬로가 사는 동네는 무언가를 잘하거나 피부가 매끈하게 예뻐 보이는 사람들에게는 별표를 붙여주고 재주가 없거나 별 볼 일 없는 사람에게는 잿빛 점표를 서로 붙여주며 살아갑니다. 펀치넬로는 늘 별표를 받고 싶었지만 그에게는 항상 점표만 가득해서 너무 부끄러워 늘 어깨가 축 처져 지냅니다.

어느 날 펀치넬로는 점표도 별표도 하나도 붙지 않은 루시아라는 친구를 만났습니다. 그 이유가 궁금해진 펀치넬로는 나무 사람들을 만든 목수 아저씨에게 물어보았지요.

"루시아는 남들이 어떻게 생각하느냐보다 내가 어떻게 생각하느냐가 더 중요하다고 마음먹었기 때문이야. 그 표는 네가 붙어 있게 하기 때문에 붙는 거란다."

펀치넬로가 그 말을 믿는 순간, 몸에 붙어 있던 점표들이 다 떨어져 나가버렸습니다.

주인공 펀치넬로가 경험했던 기적과 변화는 우리에게도 일어날 수 있습니다. 나의 가정환경, 외모, 스펙을 다른 사람이나 사회가 규정해 놓은 기준으로 평가하는 마음에는 만족감이 찾아올 수 없습니다. 실패감과 무능감이라는 독소가 우리의 마음에 머물 뿐입니다. 그런 독소는 온몸과 정서, 삶 전체를 전염시킵니다. 있는 그대로의 나를 인정하는 목소리가 외부의 소리보다 더 커야 합니다. 나를 평가 절하하는 사람을 원망하지 말고, 나의 생각과 판단에 확신을 가져야 합니다. 다른 사람의 목소리가 나의 내면에 들어와 점점 그 목소리가 커지는 이유는 내가 그의 목소리에 동의하기 때문이 아닌지 생각해보아야 합니다. 그 사람을 탓하는 것은 자기에 대한 믿음이 흔들리는 것입니다.

그것이 부모나 배우자일지라도 나의 삶을 끌고 가게 하면 안 됩니다. 나의 삶의 최종선택권은 나에게 있습니다.

내 마음이 힘들 때

누군가의 평가로 인해 마음이 힘들 때 점검해야 할 세 가지가 있습니다.

먼저 내가 그 목소리를 들었을 때 나의 감정을 점검해야 합니다. 내가 화가 나는지, 우울해지는지 들여다보아야 합니다. 못 들은 척, 괜찮은 척하는 동안 그 목소리는 점점 크게 들려올 것입니다. 둘째, 상대의 동기를 탐색해야 합니다. 나의 성장을 위한 진심 어린 조언인지 나를 조롱하며 점표를 붙이는 것인지 구별해야 합니다. 셋째, 그 목소리에 동의하지 않는다면 볼륨을 낮추거나 채널을 돌려야 합니다. 이 일에는 용기가 필요합니다. 새로운 라디오를 사야 하는 비용과 에너지가 발생할 수도 있습니다. 그러나 모든 목소리를 다 들으면서 탑 꼭대기에 올라가기는 어렵습니다. 왜 펀치넬로처럼 남이 입혀주는 옷을 입고 우울해하나요? 점표 가득한 옷을 입고 살기엔 나의 삶은 너무 소중합니다. 나는 고유하고 특별한 존재입니다. 우리 모두는 그렇습니다. 각자가 선택한 색과 디자인한 옷을 입고 자기만의 고유한 인생길을 걸어가야 합니다.

위드쌤의 마음 거울

1. 내가 하는 일을 비난하고 지나치게 간섭하는 사람이 있나요?

2. 그 사람의 말을 들었을 때 어떻게 반응하나요? (의기소침, 우울, 자기비하, 분노, 적개심, 거부, 못 들은 척 회피하기)

3. 그 사람으로부터 영향을 받지 않으려면 어떻게 해야 할까요?

불공평　　:

왜 나는
하나밖에 없지?

다른 사람들은 다 잘 나가고 행복한 것만 같은데 나만 뒤처지는
것 같아 조급한 마음이 들 때가 있나요? 부모에게 물려받은 것
이 적다고, 불공정한 사회 때문이라고 합리화해보지만 편치 않
습니다. 최근 이런 내적 갈등으로 우울과 분노에 휩싸인 한 청
년을 만났습니다. 입사 동기지만 먼저 승진한 사람, 부모 찬스
로 집을 산 친구 때문에 그는 열심히 일해야 할 의지가 꺾였다
고 합니다. 열심히 달려가지만 말을 타고, 차를 타고 추월하는
사람들로 인해 상대적 박탈감과 비교의식에 사로잡혔다는 겁
니다. 객관적으로 보면 그는 탄탄한 직장을 가지고 있고, 경제
적으로 도움을 줄 형편은 아니지만, 아직 건강하게 활동하시는
부모님이라는 좋은 조건을 가지고 있습니다.

　청년이 느끼는 비교의식과 열등의식은 자본주의 사회의 병

폐인 기울어진 운동장에서 경쟁해야 하는 불공정에서 비롯된 사회문제일 수도 있지만, 자기가 가진 장점은 보지 못하고 타인과 외부의 조건에만 시선이 고정되어 있기 때문이라고 볼 수 있습니다. 나에게 있는 자원을 바탕으로 노력하기보다 부모 탓을 하고 세상을 원망하며 자기 삶에 대한 책임을 회피하는 한 그 문제를 극복할 수 없습니다. 이런 태도는 일상으로 확산되기 마련입니다. 회사에서도 효율적으로 업무를 처리하지 못하게 되고 조직의 규율을 무조건적으로 비판하거나 상사에게도 불만을 표현하게 됩니다. 대인관계에서도 다른 사람의 약점을 지적하고 공격하기 일쑤입니다.

내가 바꿀 수 있는 것과 바꿀 수 없는 것을 구별하는 지혜를 달라고 간구했던 라인홀트 니부어(Reinhold Niebuhr)의 기도가 떠오릅니다. 내가 바꾸지 못하는 것을 속상해하기보다 내가 가지고 싶은 것이 무엇인지를 알고 그 목표를 향해 나아가야 합니다. 나는 다른 누구와 경쟁하는 것이 아니라 어제의 나와 경쟁해야 합니다.

그가 자신이 가진 것에 가치를 발견하기를 바라는 마음으로 그림책 『노를 든 신부』를 소개했습니다. 그림책 표지에는 노 한 짝을 들고 힘찬 보폭으로 깊은 숲속을 행진하는 여인이 등장합니다. 친구들은 모두 신랑을 만나 떠나고, 외딴 섬에서 심심하게 살아가는 주인공은 어느 날, 자기도 신부가 되어야겠다고 결심

합니다. 그녀의 부모님은 기다렸다는 듯, 딸에게 평범한 웨딩드레스 한 벌과 배를 저을 수 있는 노 한 짝을 주었습니다. 그녀는 노 하나로도 탈 수 있는 배를 찾기 위해 노력했지만 결국 실패하고 쓸쓸히 산으로 향했습니다. 산으로 가는 길목에서 늪에 빠진 사냥꾼을 자기의 '노'로 구해주는 경험을 하였습니다. 신부는 "이제 즐거운 시간을 보낼 수 있겠어!"라고 탄성을 지르며 한 짝뿐인 노의 가치를 발견하게 됩니다. 긴 노를 이용해서 나무 위의 과일도 따고, 요리도 하고, 곰과 격투도 하며 숲에서 지냅니다. 어느 날 우연히 야구 경기를 하게 된 신부는 자신의 노로 '타악' 홈런을 날립니다. 주인공은 한 짝짜리 노로 자기가 원하던 배는 타지 못했지만 비행기로 새로운 인생의 무대를 향해 날아올랐습니다.

기울어진 운동장에서 달리기

그림책이 묘사하는 신부는 다소곳하게 미소를 머금은 신부에 대한 통념을 깨게 합니다. 풍성한 머리칼을 휘날리며 노를 방패 삼아 활보하는 모습은 그야말로 자기 인생을 개척해가는 전사 같습니다. 내면의 강렬한 열정과 의지가 느껴집니다. 신부의 태도를 통해 우리의 삶의 자세를 되돌아볼 필요가 있습니다.

먼저, 노를 든 신부, 그녀는 신랑이 준비되지 않았음에도 자신의 정체성이 신부였습니다. 그리고 그녀가 신부가 된 목적은 신랑을 만나는 것이 아니라 그 섬을 떠나는 것이었습니다. 부모의 그늘을 벗어나 섬을 떠난다는 것은 이전의 편안하고 수동적인 환경을 떠나 자기 인생의 능동적인 주체가 된다는 뜻입니다. 학교를 졸업하고 사회로 나아간다는 것은 이제껏 부모가 제공해주는 경제적 혜택에 의존하지 않고 자기 스스로 경제적 공급자가 된다는 것을 의미합니다. 부모로부터의 독립이 반드시 결혼을 뜻하는 것은 아닙니다. 결혼하면 아이를 낳아야 한다는 수순을 답습할 필요도 없습니다. 결혼이나 자녀 출산의 문제도 누군가가 세워놓은 기준과 기대에 나를 맞추는 것이 아니라 내가 정한 삶의 방향과 계획대로 나가면 됩니다. 신부가 된다는 것은 내가 어떤 것을 가졌든, 무엇이 부족하든 이제 내가 내 삶을 주도하고 책임진다는 선포입니다.

두 번째로, 주인공은 부모에게 왜 노를 한 짝밖에 주지 않느냐고 원망하지 않았습니다. 능력 없는 부모를 탓하는 미성숙함, 육체적·정서적 독립은 원하지만 경제적 후원을 바라는 의존성을 버려야 합니다. 어떻게 보면 부모와 나는 개별적인 인격체입니다. 성인이 되기까지 형편껏 제공해준 부모에게 감사해야 합니다. 또 주인공은 이깟 노 하나로는 배를 저을 수 없다고 미리 포기하지도 않았습니다. 하나밖에 없어 쓸모없을 것 같은 그 노를 붙들고 힘찬 행진을 했습니다. 바다에서만 사용가치가 있는 노가 이제 필요 없어졌다고 버리지 않았습니다. 보잘것없는 것이지만 귀하게 여기고 끈기 있게 나아갔을 때 그 한 짝 노는 누군가를 도와주는 도구가 되었고, 그녀의 삶을 도약하게 하는 디딤돌이 되었습니다.

세 번째로, 노를 갖고 있다고 꼭 배가 있어야 하는 것은 아니라는 것을 알 수 있습니다. '노'가 진가를 발휘한 곳은 바다가 아니라 산이었고 육지였습니다. 그야말로 관점의 대전환이 일어난 지점입니다. 기대했던 직장에서 나를 불러주지 않아도 좌절은 금물입니다. 내가 가진 노로 할 수 있는 일은 생각보다 다양합니다. 주인공이 노를 배를 젓는 데만 사용했다면 비행기를 타는 기적은 일어나지 않았을 것입니다. 수많은 삽질을 통해 자신의 진가를 발견하게 될 수 있음을 알아야 합니다. 장애로 여기며 부끄러워하지 말고 한 걸음씩 나아간다면 내가 예상하지 못한 삶의 한 모퉁이에서 새로운 기회와 인생의 전환기를 만나게 된다는 것을 잊지 말아야 합니다. 다른 사람과 비교하며 자기가 가진 것이 보잘것없다고 여겼던 내담자가 자기의 '노'에 대한 재해석으로 인생에 대한 관점과 태도가 달라지기를 기대합니다.

하나로 발견하는 삶의 목적

우리 모두는 태어날 때부터 출발점과 속도가 다릅니다. 아인슈타인은 네 살 때 말을 시작했고 일곱 살 때 겨우 글자를 읽었다고 합니다. 전쟁과 평화를 쓴 톨스토이는 대학 시절 지능도 떨어지고 공부에 대한 흥미가 부족하다는 이유로 자퇴를 권유받았다고 합니다. 그들이 자기보다 앞서가는 사람들과 자기를 비교하며 포기했더라면 위대한 업적을 이룰 수가 없었을 것입니다. 저 역시 아버지 없이 대학 시절 학비와 생활비를 벌며 열심히 일하며 공부했지만 항상 나보다 총명하고 더 열심히 하는 사람들이 있었기에 장학금을 타지 못했고 형편은 늘 제자리였습니다. 마치 시시포스의 신화에서 언덕 위로 돌을 굴려야 하는 저주를 받은 사람처럼 삶이 무겁고 버거웠습니다. 그럼에도 불구하고 나의 한 짝 노를 열심히 젓다 보니 어느새 돌은 작아지고 노는 쇳덩이처럼 단단해졌습니다. 이제 이 강한 노로 못할 일이 없을 것 같다는 자만심(?)이 올라오기도 합니다.

이렇듯 우리는 모두 부모가 다르고 환경의 차이가 있습니다. 같은 부모에게서 자란 형제자매라 할지라도 가치관과 능력에 따라 살아가는 모습이 다릅니다. 어차피 개인의 인생의 속도와 방향이 다른데 앞서가는 사람과 나를 비교할 필요가 없습니다. 또 누군가는 실수로 노를 잃어버리기도 합니다. 우리의 비교 대상은 바로 어제의 '나'입니다. 나보다 더 가진 사람을 부러워하고 시기하는 마음은 자신의 가치와 능력은 부정하는 태도입니다. 외부의 조건이 부족한 것이 아니라 자기의 내면이 초라하다는 것을 증명할 뿐입니다.

자기보다 더 빨리 달려가는 사람을 부러워하며 불공평한 세상을 원망하지 않기를 바랍니다. 성인이 되기까지의 삶은 부모가 준 노로 살았다면 이제는 그 노를 가꾸는 것도, 다른 노로 업그레이드하는 것도 자기의 몫입니다. 부모가 어떤 '노'를 물려주었든, 그 고유한 노의 가치를 발견하고 활용한다면 독특함과 개성 넘치는 그 노는 각자의 인생을 견고하게 세워줄 든든한 자원이 될 것입니다.

위드쌤의 마음 거울

1. 나에게 있어 다른 사람보다 부족하다고 여겨지는 한 짝 '노'는 무엇인가요?
....

2. 그 한 짝 '노'로도 하고 싶거나 할 수 있는 일을 세 가지 적어보세요.
....

3. 2번을 이루기 위해 어제보다 조금 더 노력할 수 있는 것 한 가지는 무엇일까요?
....

합리화 :

나에게 필요한
알사탕

누군가에게 내가 원하는 것을 솔직하게 말하지 못하고 마음과 반대로 말하거나 꺼내지도 못하고 참는 경우가 있지 않나요? 저도 상대의 마음을 알고 싶어도 내가 원하는 대답이 아닐 것 같아 물어보지 못하고 눈치만 볼 때도 있습니다. 때로는 다른 사람이 묻는 말에 솔직하게 답하지 못하고 마음과는 전혀 다른 말을 해버리고 후회하기도 합니다. 우리가 이렇게 속마음과 달리 겉으로 드러난 말이나 행동이 다른 이유는 저마다 불안을 가지고 있기 때문입니다. 그 불안을 다른 사람에게는 들키고 싶지 않아 자신을 보호하기 위해 자기도 모르게 사용하는 생각이나 행동수단을 방어기제라고 합니다.

내 마음의 포장지, 방어기제

우리가 보편적으로 많이 사용하는 방어기제 몇 가지를 살펴보 겠습니다.

첫 번째는 '억압'으로, 과거에 있었던 충격적인 사건이나 고 통스러운 기억, 또는 현실적으로 부적절한 욕구 등을 무의식으 로 밀어넣는 것입니다. 억울한 일을 당했지만 그 일을 수면 위 로 떠올리는 것을 다른 사람이 불편해할까 봐, 혹은 상대의 반 응이 두려워 없었던 일처럼 혼자 삭이려는 태도입니다.

두 번째로 나를 속상하게 만든 대상에게는 한마디도 못 하다 가 나와 가깝고 편한 사람에게 화풀이하는 '전치(displacement)'입 니다. '종로에서 뺨 맞고 한강에 가서 눈 흘긴다'는 속담을 떠올 리면 쉽게 이해됩니다. 직장에서 불합리한 대우를 받았지만 항변 하지 못해 속상한 아빠가 거실에서 티비를 보고 있는 아들에게 "그렇게 공부를 안 해서 뭐가 될래?"라며 윽박지르는 것과 같은 경우입니다.

세 번째로 '자기합리화'인데, 받아들이기 어려운 자신의 행 동이나 선택을 그럴싸한 이유로 포장하는 심리기제입니다. 계 획했던 수도권 대학에 진학하려고 최선을 다했지만 입시에 실 패한 학생이 자신의 실패를 인정하기 힘들어서 학비와 생활비 가 비싸서 지방대에 가는 것이 낫다고 말하는 경우입니다. 이 러한 부정적인 방어기제 외에도 자신의 상처나 고통을 문학이

나 예술작품으로 표현하거나, 공격적인 에너지를 스포츠로 해소하는 '승화'라 불리는 긍정적인 방어기제도 있습니다. 이처럼 우리는 불안을 진정시키기 위해 저마다 다양한 방어기제들을 자기도 모르게 사용합니다.

알사탕의 마력

백희나 작가의 그림책『알사탕』의 주인공 동동이에게 있는 방어기제는 무엇일까요? 늘 혼자 노는 동동이의 마음은 가을바람에 낙엽만 뒹구는 쓸쓸한 놀이터처럼 외로운 바람이 나부낍니다.

"혼자 노는 것도 나쁘지 않다. 친구들은 구슬치기가 얼마나 재미있는지 모른다. 맨날 자기들끼리만 논다. 그래서 그냥 혼자 놀기로 했다."

얼핏 들으면 동동이가 혼자 노는 이유가 친구들이 동동이가 즐겨 하는 구슬치기를 싫어하기 때문인 것 같습니다. 동동이가 스스로 혼자 놀기로 선택한 것처럼 들립니다. 그러나 동동이의 말 이면에는 같이 놀고 싶다는 말을 했다가 거절당할 것 같은 불안과 그 불안이 현실에서 나타날까 두려워하는 마음이 있습니다. 친구들에게 같이 놀자고 말을 꺼내지 못하고 혼자 노는 이유를 친구들이 구슬치기가 재미있다는 것을 모르기 때문이라고 둘러대고 있습니다. 혼자 노는 것도 나쁘지 않다는 말은 자기 내면의 불안을 떨쳐버리려는 무의식적 작용, '자기합리화'입니다.

이렇게 친구들과 어울리지 못하고 혼자 노는 동동이가 우연히 문방구에서 각양각색의 알사탕을 발견합니다. 뭐부터 먹을까 고민하다가 체크무늬 박하향 사탕을 입에 넣은 순간, 거실에 있는 소파가 말을 걸어오고, 두 번째 사탕을 먹다 보니 그렇게도 듣고 싶던 아빠의 사랑 고백이 들려옵니다. 이번에는 누구 목소리가 들릴지 기대하며 말랑말랑한 핑크빛 풍선껌을 입에 넣는 순간 꿈에도 그리던 돌아가신 할머니의 목소리가 들립니다.

"동동아 잘 지내지? 나는 여학교 친구들과 잘 지내고 있으니 동동이도 친구들이랑 많이 많이 뛰어놀아라!"

집 밖에 늘 보던 나무와 나뭇잎, 온 천지가 동동이에게 "안녕, 안녕" 인사하며 반겨주는 것 같습니다. 황금빛 햇살을 받으며 행복해하는 동동이의 표정은 세상을 다 얻은 듯합니다. 바로 그때 저 멀리 보이는 친구에게 먼저 다가가 한마디를 꺼냅니다.

"나랑 같이 놀래?"

친구들과 같이 놀고 싶은 마음을 자기합리화로 꽁꽁 싸놓고 늘 혼자였던 동동이가 어떻게 이렇게 달라졌을까요?

동동이의 선택

비록 엄마는 곁에 없지만 엄마 이상으로 따뜻하게 돌봐주었던 할머니가 돌아가신 후 동동이는 기댈 곳이 없어졌습니다. 사랑한다고 다독여주기를 기대했던 아빠는 따스한 말 대신 폭풍 잔소리만 해대니 마음의 온도가 점점 식어갔을 것입니다. 어떤 이유인지 밝혀지진 않았지만 동동이 곁에 없었던 엄마, 늘 동동이와 함께 했고 사랑으로 동동이의 외롭고 허전한 마음을 안아주었던 할머니마저 돌아가셨습니다. 동동이는 혼자 있는 것에 익숙해져 갔지만 마음 깊숙한 곳에서는 아빠가 사랑한다고 말해주기를, 친구들이 함께 놀자고 손 내밀어 주기를 기다렸던 것입니다. 할머니가 보고싶다는 말을 아빠에게 꺼내지 못하고 꾹꾹 눌러야 했을 동동이에게 알사탕은 체한 마음을 뚫어주는 감정 소화제가 되었습니다.

핑크빛 풍선껌 덕에 할머니에 대한 그리움과 허전함이 채워졌고, 까망 점박이 사탕으로 아빠의 마음속 사랑 고백도 들을 수 있었습니다. 체했을 때는 맛있고 영양가 있는 음식조차 소용이 없는 것처럼, 동동이도 할머니와 아빠의 사랑이 흡수되지 않은 상태로 있었기에 친구도 오해하고 하고 싶은 말도 못하고 머뭇거리고 있지 않았을까요? 알사탕으로 외로움과 거절에 대한 두려움의 안개가 걷히자 동동이의 눈과 귀가 열려 늘 그 자리에 있었던 나뭇잎과 햇빛조차 자신을 반겨주는 것처럼 손을 흔드는 경험을 하지 않았을까 생각합니다.

혹 나에게는 동동이처럼 마음 한구석이 체한 것처럼 불편한 부분은 없나요? 누군가와 나누지 못한 정서는 우리를 불안하게 만들어 다른 사람에게 솔직하게 다가가는 것을 막아버립니다.

스스로 고립되어 다른 사람에게 원인을 돌리는 자기합리화를 하면서 말입니다. 이제까지 상처받지 않으려고 습관처럼 사용했던 방어기제 대신, 솔직하고 열린 마음으로 이웃에게 다가가야겠습니다. 그런 나에게는 어떤 알사탕이 필요할까요?

위드쌤의 마음 거울

1. 누군가에게 듣고 싶은 말이 있나요?
   누구에게 어떤 말을 듣고 싶나요?

2. 오늘 동동이처럼 알사탕을 먹는다면 누구에게 어떤 말을 하고 싶은가요?

자화상   :

결핍과 고뇌의
결정체

오늘처럼 무채색의 멜랑콜리한 날에는 빈센트 반 고흐(Vincent van Gogh)의 열정의 컬러가 그립습니다. 눈부신 황금빛 해바라기 들녘과 아를의 붉은 포도밭의 에너지가 절실해집니다. 그가 그토록 강렬한 열정으로 캔버스를 물들일 수 있었던 이유에 대해 고흐 자신에게 물어보고 싶습니다.

고흐의 2,000여 점의 유작 중에 40여 점이 자화상입니다. 시간에 따라 자화상의 색채와 기법도 다양했지만, 고흐가 자화상에서 그리고 싶었던 것은 얼굴만이 아니었을 겁니다. 자기도 다 알지 못하는 내면의 결핍과 고뇌를 캔버스에 투영했던 것은 아닐까요?

"다른 사람들의 눈에 내가 어떻게 비칠까, 보잘것없고 괴팍스럽고 비위에 맞지 않는 사람으로 보이겠지……."

빈센트 반 고흐가 동생 테오에게 쓴 편지글에 다른 사람들의 눈에 보이는 자기에 대해 고민하는 흔적이 엿보입니다, 그는 수많은 자화상을 그리며 끊임없이 자기를 찾고 있었습니다. 사회로부터 소외되었던 고흐의 유일한 대화상대는 캔버스였습니다. 그는 내면의 소용돌이를 빛으로, 컬러로 표현하며 치유해 나갔습니다. 고흐 동생 테오에게 보내는 편지에서 자신이 정말 표현하고 싶었던 것은 감상적이거나 우울한 것이 아니라 뿌리 깊은 고뇌였다고 밝히고 있습니다. 어쩌면 고흐에게 그림은 실존적 자기의식의 몸부림이었습니다.

'실존'의 의미는 라틴어 'existentia'에서 유래했는데 'ex'(밖에)와 'sistere'(나타내다)의 합성어입니다. 고흐는 자신의 생각이나 감정을 깊이 자각하고 그것을 그림으로 표현하는 사람이었습니다. 자신의 내면을 밖으로 꺼내며 자기가 살아있다는 것을 느끼고자 했던 것입니다. 고흐만큼 자신의 내면을 색으로 잘 표현한 화가도 드물 것입니다. 네덜란드에서의 좌절과 우울은 어두운 컬러로, 파리의 남부 아를에서의 희망과 기대는 흐드러진 노란 해바라기색으로, 그리고 그의 생애 마지막에는 심오한 푸른색이 더해졌습니다. 그의 그림들은 자기의 내면의 아픔과 상처, 희망과 기쁨을 표현하며 자신의 생각과 감정을 인식하고 정리하고자 한 그만의 실존적 자기의식의 고투입니다.

중절모를 쓴 자화상

1886년 고흐는 고향 네덜란드에서 여러 차례 진로의 실패를 맛보고 동생 테오가 있는 파리로 옮겨갑니다. 파리로 옮겨와 첫 자화상을 그리기 위해 고흐는 정장을 차려입고 중절모도 썼습니다. 자기 자신에 대한 예의가 깍듯해 보입니다.

항상 시작은 희망의 빛이 서려 있는 법, 그의 눈빛과 굳게 다문 입술은 그림에 대한 그의 강렬한 의지를 담고 있습니다. 얼굴빛은 역동적인 황색의 빛을 받아 밝게 빛납니다. 그러나 미래에 대한 불안과 고뇌를 배경은 아는 듯, 그 황색을 삼켜버릴 듯 어둡고 강렬한 색을 토해내고 있습니다. 그림의 배경은 신을 향한 열망으로 시작한 신학 공부와 전도사 생활의 실패, 인생의 돌파구로 시작한 그림 공부를 위해 등록한 미술학원으로부터의 퇴학, 생계를 위해 처절하게 그린 그림마저 한 점 팔리지 않았던 좌절이 덧칠된 듯 어둡습니다.

고흐는 할아버지와 아버지에 이어 목회자가 되고자 하였지만, 제도에 적응하기 어려운 급하고 예민한 성격 때문에 결국 꿈을 접고 말았습니다. '화가'라는 새로운 정체성에 초인적인 창작의 에너지를 발휘했습니다. 그림은 그의 고통스러운 내면으로부터의 출구였고 세상을 향한 소리 없는 외침이었습니다. 자신의 작품을 인정해주지 않는 사람들로부터, 사랑했던 여인으로부터 거절을 당했지만 그는 결코 스스로를 소외시키지 않았습니다. 자기의 모습을 그리고 또 그렸습니다. 자기 눈을 그리며 눈에 가득한 눈물의 근원을 더듬어 보았을 것입니다. 입을 그리며 차마 다 하지 못한 말들이 자신을 괴롭히기도 했을 것입니다. 듣고 싶은 말을 간절히 기다리며 귀를 그렸을 것입니다. 그는 자화상을 그리며 스스로를 위로하고 격려해주지 않았을까요?

그림에서 고흐는 무엇을 응시하고 있었을까요? 자기의 유일한 지지자 동생 테오일까요, 자신의 그림을 몰라보는 세상에 대한 원망의 눈빛일까요? 미간 사이의 외롭게 파인 그의 주름 너머에 어떤 마음이 숨어 있는지 궁금합니다.

'여기서도 실패하면 어떡하나? 언제까지 동생에게 폐를 끼쳐야 할까?' 30대 초반 청년 고흐의 얼굴엔 염려의 빛이 서려 있습니다. 그러나 그 모든 고뇌도 불안도 그림에 대한 그의 열정을 앗아가지는 못했습니다.

내게 전달되는 이 걱정이 과연 고흐의 것일까요, 혹 내 것이라면 나의 이 불안이 어디로부터 온 것인지 시작점을 찾아보아야겠습니다. 고흐가 불꽃같이 자기를 던져버린 그림 같은 그것이 내겐 무엇인지. 중절모를 쓴 고흐처럼 나도 나에게 예의를 갖추고 나와 마주 앉아 고뇌에 잠겨보고 싶습니다.

나만의 자화상
오늘처럼 하늘이 짙은 회색으로 덮인 날은 왠지 침대와 합일된 듯한 무거운 기분은 저 혼자만의 느낌인가요? 지금 나의 심리적 컬러는 옷장 가득히 걸려 있는 무채색의 옷만큼 색깔 없음(colorless)일 것 같습니다. 지금 내가 자화상을 그린다면 고흐의 중절모를 쓴 자화상같이 어둡고 경직된 느낌이 아닐까 싶습니다.

고흐가 캔버스에 자신의 내면을 쏟아부었듯 나는 흰색 용지에 내 마음을 채워가 봅니다. 물감을 덧칠하던 고흐처럼 나도 썼다 지웠다를 반복하며 마음의 포장을 하나씩 벗겨냅니다. 반복되는 일상에서 정작 나 자신은 어디에 있는지 생각할 겨를도 없었습니다. 누군가의 필요와 문제를 해결하느라 내가 원하는 것은 의식하지도 못한 채 밀어두었다는 것을 깨닫습니다. 이제는 괜찮다고 생각했지만 여전히 내 발목을 잡고 있는 거대한 콤플렉스 덩어리, 내 것에 대한 집착이 오히려 나를 옭아매고, 헐떡거리며 달려가 보지만 신기루처럼 사라지는 욕망의 껍데기들이 보입니다.

흰 지면에 검은 글들이 채워지는 만큼 무기력하고 희뿌연 나의 마음이 어느새 생기 있는 컬러로 바뀝니다. 고흐가 캔버스에 자기의 모습을 그려가듯 글을 써 내려가는 동안 나의 내면은 비워지고 정화되어 갑니다. 어쩌면 자화상은 선과 색으로 채우는 것이 아니라 비우고 정돈하는 과정인가 봅니다. 평생 동생에게 경제적으로 의존해야 할 만큼 가난과 외로움에 시달렸지만 지독하게 자신의 삶을 사랑했던 고흐, 강렬한 눈빛으로 자신의 아푼 현실을 외면하지 않고 직면했던 그처럼 우리 모두도 자기만의 방식으로 자화상을 그려가야 합니다. 그림으로, 글로, 악기로 말입니다.

컬러테라피

아침의 밝은 태양 빛은 우리에게 희망과 기대를 안겨주고 초록의 푸른 숲은 평화와 안정감을 느끼게 합니다. 컬러는 그 자체가 주는 힘이 있지요. 빨강은 열정, 파랑은 신뢰의 상징, 신비로운 느낌의 보라, 편안한 애정을 느끼게 하는 핑크, 그리고 순수의 대명사 흰색과 불안과 우울의 느낌을 주는 검정까지 다양합니다.

파리로 옮겨온 후 고흐의 작품은 네덜란드 시절의 어두운 컬러에 조금씩 빛을 머금기 시작했습니다. 남부 아를로 이동하면 희망과 생명력이 꿈틀거리는 고흐의 노랑이 시작될 것입니다. 고흐 살아생전에 유일하게 판매된 작품인 〈아를의 붉은 포도밭〉은 〈중절모를 쓴 자화상〉과는 전혀 다른 분위기입니다. 황금빛 태양이 온 하늘을 덮고 흘러가는 강물조차도 태양빛을 받아 눈이 부실 정도입니다.

고흐의 초기작 〈감자 먹는 사람들〉에서 알 수 있듯이 고흐의 관심은 땀 흘리며 일하는 사람들이었습니다. 이 작품에서도 포도밭에서 허리 굽혀 추수하는 사람들의 모습을 담고 있습니다. 노란 태양과 붉디붉은 포도주색, 그리고 푸른 초록이 강렬한 대

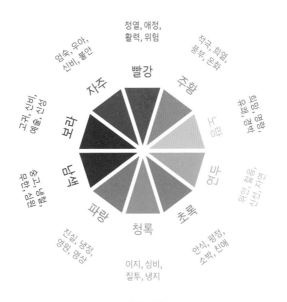

정열, 애정,
활력, 위험

적극, 희열,
풍부, 온화

엄숙, 우아,
신비, 불안

자주

빨강

주황

고귀, 신비,
예술, 신성

보라

노랑

희망, 명랑,
쾌활, 약동

남색

영화

중고, 냉철,
무한, 심원

파랑

청록

초록

위안, 지성,
신선, 자연

진실, 냉정,
영원, 명상

이지, 심비,
질투, 냉지

안식, 평정,
소박, 천애

색과 감정

비와 조화를 이루고 있습니다. 사회의 냉대와 가난으로 거무스름한 그의 마음에 희망의 태양 빛과 붉은 열정은 먼저 화가 고흐를 위로하고 치유하는 에너지였을 것입니다. 감상하는 나에게도 그 치료의 힘이 전해집니다. 바로 '컬러테라피'입니다. 고흐의 처절한 실존적 자기의식의 투쟁의 열매가 아닐까요.

때로 우리의 삶에 드리워진 허무와 무기력조차도 스스로 조명하고 드러내려는 실존적 자기의식을 통해 떠나보낼 수 있습니다. 고흐의 중절모를 쓴 자화상같이 어둡고 무거운 나의 내면이 포도주색만큼 열정적으로 바뀌기를 기대합니다. 이제 밝은 태양 빛이 가득한 고흐의 아를로 이동하고 싶습니다.

위드쌤의 마음 거울

1. 현재 내 마음을 세 가지 색으로 표현한다면 어떤 색일까요?

2. 나는 왜 그 색을 선택했을까요?

3. 그 색으로 자기 자신을 그려보세요.

제2부

밖으로 나간
불안

자존감 :

말에 비치는
자존감 수준

성격 둥글둥글한 내 친구 혜영이가 어느 날 내게 볼멘소리로 말합니다. 가까이 사는 동창과 거의 매일 오전에 모닝커피를 하며 서로 속풀이를 한다네요. 때로 혼자 있고 싶은 날도 동창의 당연한 듯 '지금 갈게'라는 말에 대꾸도 못 하고 속상해한다고 해요. 내일 만나자고 솔직하게 말 못 하는 친구가 답답하기도 하지만 그녀의 그런 유순한 성품을 그 동창이 애정한다는 것이 이해가 갑니다.

친하면서도 성격이나 대화 스타일이 다른 가족이나 커플, 한쪽은 답답할 만큼 느리지만 다른 한쪽은 자기주장과 색깔이 강한 사람들을 우리는 주변에서 흔히 만날 수 있지요. 특히 한국 사회는 유교의 영향으로 '침묵이 금'이라며 남자가 가벼우면 안 된다는 것이 미덕이었지요. 그래서 아버지들은 무게를 잡는 가

부장적인 경향이 많았습니다. 부부간의 마찰이 싫어 어머니들은 자기의 의견과 감정을 참고 억누르는 데 익숙해졌는지 모르겠습니다. '장유유서(長幼有序)'라는 위계질서는 자녀가 부모의 말에는 아무 말 못 하고 순응해야 한다는 것을 암묵적으로 강요하다 보니 사회에서도 자기의 생각과 감정을 분명하게 말하는 것을 주저하게 됩니다.

좋은 것이 좋은 거라고 자기 마음을 상대에게 표현하지 못하고 그저 참는 관계, 과연 계속 좋을 수 있을까요?

노인경 작가의 그림책, 『곰씨의 의자』에도 전혀 다른 유형의 인물들이 등장합니다.

숲속 공원에서 조용히 차를 마시며 시를 읽는 것을 즐기는 곰씨가 주인공입니다. 어느 날 공원으로 여행자 토끼 한 마리가 지나갑니다. 친절한 곰씨는 자기의 벤치에서 잠시 쉬어가라고 호의를 베풉니다. 토끼는 곰씨가 가보지 않은 새로운 곳을 여행하며 겪은 신기한 이야기보따리로 곰씨를 즐겁게 해주지요. 바로 그때 무용수 토끼가 다가와 자신이 겪은 소외감을 털어놓으며 서로 가까워집니다. 급기야 두 토끼가 사랑에 빠져 결혼하는 해프닝이 일어납니다. 그 둘 사이에서 하나둘 토끼 새끼들이 태어나고 금세 공원을 가득 채울 만큼 수많은 아기 토끼들로 곰씨 주변은 늘 북적입니다. 처음엔 토끼와의 만남이 즐거웠지만 점차 곰씨가 조용히 차를 마시며 명상을 할 시간과 공간이 줄어들기 시작합니다. 이런 곰씨의 마음을 모르는 어린 토끼들은 매일 찾아와 귀찮게 굴지요.

나만의 공간이 필요해

곰씨는 더이상 참다못해 자기만의 공간을 확보하기 위해 아이디어를 짜냅니다. 벤치에 초록색 페인트칠을 하면 앉지 못할 거라고 생각했지만 어린 토끼들은 온몸에 페인트를 묻혀와 곰씨의 몸을 도화지 삼아 초록색 찍기 놀이를 즐깁니다. 벤치를 토끼들에게 양보하고 작은 나무 의자를 만들었지만 곰씨 아저씨에게 매달리는 토끼들 덕분에 의자는 무게를 이기지 못하고 무너졌습니다. 다양한 방법을 동원해 보지만 번번이 실패한 곰씨는 최후의 카드를 꺼냅니다. 바로 벤치에 똥을 싸서 토끼들이 못 앉게 하려고 합니다. 하늘도 무심하시지 바로 그때 비가 쏟아져 똥은 씻겨져 나가고 곰씨는 감기몸살로 드러누웠습니다. 토끼네 온 가족들이 몰려와 약도 먹이고 전심으로 곰씨를 간호해줍니다. 정신이 든 곰씨는 용기를 내어 자기 속마음을 조금씩 말하기 시작합니다.

"토끼 여러분과 함께 하는 시간이 너무 좋아요. 그러나 저는 책 읽고 명상할 시간도 필요……."

토끼들은 왜 이제야 말했느냐는 듯 아무렇지 않게 곰씨의 시간과 공간을 배려하기 시작합니다. 곰씨의 평화로운 공원생활이

다시 시작되었습니다. 곰씨가 처음부터 하고 싶은 말을 했더라면 얼마나 좋았을까요? 혹 여러분이 곰씨라면 어떻게 했을까요?

나의 대화 유형은?

버지니아 사티어(Virginia Satir) 박사는 대화 유형을 보면 그 사람의 자존감의 수준과 가치 기준을 알 수 있다고 합니다. 그녀는 대화 유형에 따라 대인관계가 더욱 가깝고 친밀하게 될 수도 있고 그렇지 않을 수도 있다고 주장하며 의사소통 유형을 다섯 가지로 분류했습니다.

비난형, 회유형, 초이성형, 산만형, 일치형, 다섯 가지 중에서 일치형을 제외한 네 가지는 모두 표현하는 말과 말하는 사람의 속마음이 일치하지 않는다는 공통점이 있습니다. 솔직하지 못하다는 것은 말하는 사람의 자존감이 높지 않다는 것을 증명해 주는 것이며 속마음과 다르게 말하지 않는 그 자체가 서로의 관계를 막는 걸림돌이 됩니다.

첫 번째로 비난형입니다. 비난형은 타인을 무시하는 말투를 사용합니다. 타인의 말이나 행동을 비난하고 통제하며 명령하듯이 말합니다. 사람은 누구나 자기의 실수나 약점을 지적 당하면 움츠러들고 더이상 상처받지 않으려고 마음의 문을 닫아버립니다. 화를 내며 상대를 탓하는 방식으로 자신이 상대보다 우월하다는 것을 나타내려고 하지만 그것은 비난이라는 확성기로 자신의 낮은 자존감을 알리는 것과 같습니다. 상대를 존중하면 자기가 무너질까 두렵기 때문입니다. 상대의 잘못을 지적하며 소리 지르는 습관은 고혈압과 심장질환을 가져올 수 있습니다.

두 번째로 회유형입니다. 이 유형은 자신의 속마음이나 생각을 숨기고 다른 사람의 비위에 맞추려는 태도입니다. 다른 사람의 의견에 무조건 동의하면서 사죄하고 변명하는 등 지나치게 착한 행동을 보이는 경향이 있습니다. '나는 항상 좋은 사람이어야 한다', 혹은 '모든 사람에게 칭찬을 받아야 한다'는 등의 신념을 가지고 있습니다. 이것은 착한 것이 아니라 건강하지 않은 것입니다. 갈등이 생기면 나만 참으면 된다는 생각으로, 자신의 의견이나 느낌을 분명하게 표현하지 않고 참다 보면 그것이 불만과 원망이 되어 우울한 마음이 들게 만듭니다. 참다 보면 어느 순간 폭발해버리는 경우도 있거든요. '속이 다 문드러졌다'는 말 들어보셨죠? 바로 화병이 여기서 발생할 수 있습니다. 속에 채인 답답한 마음을 표현하지 않으면 이 화병은 마음의 병으로만 머무는 것이 아니라 몸이 여기저기 아픈 신체화 증상으로 이어집니다.

세 번째로 초이성형입니다. 규칙을 중시하며 냉정하게 옳은 말만 하는 사람을 말합니다. 자기의 감정을 결코 드러내지 않을 뿐만 아니라 상대의 마음도 헤아려주거나 공감해주지 못합니다. 이런 유형은 고개가 끄덕여지는 가르침을 주고 있지만 말하는 사람의 냉정함과 건조함으로 인해 빨리 대화를 벗어나고 싶은 마음이 듭니다.

　네 번째로 산만형입니다. 상대방이 하는 말에 관심을 기울이지 않고 '내일 이야기 합시다' 또는 '지금 너무 바빠요…….' 등의 태도를 보입니다. 제대로 듣지 않고 건성으로 대답을 하기도 합니다. 농담으로 그 상황을 넘기려 하기도 합니다. 이럴 경우 상대방은 이해받지 못하는 느낌이 들고 답답해집니다. 서로 간에 정서적 교류가 부족하기 때문에 친밀감을 느끼기도 힘들겠지요.

　일치형은 앞서 네 가지 유형과는 달리 속마음과 표현하는 말의 내용이 일치합니다. 자기의 감정도 있는 그대로 솔직하게 표현하고 다른 사람의 감정도 잘 공감해줍니다. 내가 솔직하게 말해서 생기는 결과에 대해 내가 책임지겠다는 높은 자존감을 보여주는 것이지요. 나와 상대방, 그리고 일어난 상황 모두를 존중하는 태도입니다. 수영을 잘하려면 수영에 관한 책을 읽는 것이 아니라 수영을 많이 해야 하는 것처럼, 내가 습관적으로 하는 비효율적인 대화 유형을 바로 잡기 위해서는 일치형 대화법을 많이 연습해야겠지요. 일치형으로 말하는 데는 공식이 있습니다.

상황 ✛ 그 상황으로 인해 발생한 나의 감정

상황 1) 등교할 시간이 되어서 자녀가 오늘 가져야 할 숙제를 하지 않았다고 한다.

⇒ 지금 학교 가야 하는데 숙제를 안 했다고 하니,

✛ _____

상황 2) 부모님이 성인인 나의 결혼, 직장, 일상에 지나치게 간섭하고 개입하신다.

⇒ 엄마(아빠)가 이 일에 너무 신경을 쓰시니,

✛ _____

tip 1) 엄마는 네가 선생님에게 책임감 없는 아이로 보일까 봐 걱정이 되는구나.

　　 2) 내가 부모님께 믿음을 못 준 것 같아 속상합니다. / 부모님이 나를 어린아이 취급하는 것 같아 섭섭합니다.

사티어 의사소통 유형 검사

다음의 설문지를 통해 나의 의사소통 유형이 어떤 유형인지 살펴보자.

■ 그렇다: 1점   ■ 그렇지 않다: 0점

번호	문항 내용	점수
1	아무도 나에게 관심을 가져주지 않으며 나를 걱정해주지 않는 것 같다.	
2	비교적 대화하는 사람의 기분을 맞추어주려고 하는 편이다.	
3	감정이 없는 사람이라는 말을 듣는 편이다.	
4	다른 사람의 주장이 내 생각과 달라도 맞장구를 쳐주는 편이다.	
5	어디에서건 다른 사람에게 지는 것을 싫어한다.	
6	상대방의 질문에 적절하게 반응하지 못하며 정확한 답을 피하는 경향이 있다.	
7	반대 의견을 잘 말하지 않는 편이다.	
8	논쟁할 때 상대방의 실수나 결정을 잘 찾아내는 편이다.	
9	의견이 일치하지 않는 상황에 잘 대처하는 편이다.	
10	어떤 의견을 결정할 때 다른 사람의 눈치를 보는 경우가 많다.	
11	다른 사람을 지배하려고 할 때가 많으며 명령하거나 지시하는 편이다.	
12	논쟁할 때 감정은 잘 드러내지 못하는 편이다.	
13	다른 사람들과 대화하는 데 어려움을 느끼지 않으며 사람들과의 관계에 만족하는 편이다.	
14	지나치게 겸손한 경향이 있다.	
15	힘이 있고 강한 사람으로 인정받고 싶다.	
16	혼자서 화난 감정을 삭이는 편이다.	
17	의견이 대립될 때 내가 옳다고 주장하기 위해 조사 자료를 인용하는 편이다.	
18	다른 사람의 말이나 행동에 상관없는 반응을 하는 경우가 있다.	
19	다른 사람에게 말을 할 때 대체로 사리에 맞게 이야기하는 편이다.	
20	어떤 결정을 할 때 상대방의 감정을 고려하지 않는다.	
21	스트레스를 받는 문제에 대해 되도록 관심을 가지지 않으려 한다.	
22	부정적인 느낌을 갖게 될 때에도 그 느낌을 솔직하게 상대방에게 표현하는 편이다.	
23	다른 사람에게 화난 모습을 보여주기 싫어하며 실제로는 기분이 나빠도 나쁘지 않은 척하는 편이다.	
24	상대방의 요청을 쉽게 거절할 수 있으며 상대방의 반응에 신경 쓰지 않는 편이다.	
25	대화하고자 하는 주제에 대해 사람들의 관심을 분산시키는 경향이 있다.	
26	다른 사람이 나에게 표현하는 느낌을 잘 믿고 받아들이는 편이다.	
27	주위 사람들에게 잘 대해주어야 하며 다른 사람을 화나게 하고 싶지 않다.	
28	내가 말하는 내용을 듣는 사람이 이해 못 해도 상관하지 않는 편이다.	
29	일관성이 없고 상황에 맞지 않는 말을 하는 경향이 있다.	
30	나의 생각을 분명하게 밝히며 해야 할 말을 자신있게 하는 편이다.	

출처: 윤정근, 「청소년 문제 행동 치료를 위한
Satir 의사소통 적용에 관한 연구」, 박사논문, 2016.

번호	문항 내용	점수
31	무슨 일이든 내가 먼저 사과하는 편이다.	
32	솔직하지 못하고 무책임하게 말을 하는 편이다.	
33	행동할 때 다른 사람을 지나치게 의식하는 편이다.	
34	불평불만이 많은 편이다.	
35	미리 생각하지 않고 되는 대로 말하는 경향이 있다.	
36	상대방의 느낌을 잘 이해하는 편이다.	
37	상대방을 비난하는 말을 자주 한다.	
38	다른 사람에게 관심이나 따뜻함을 거의 나타내지 않는다.	
39	지나치게 합리적이며 객관적인 경향이 있다.	
40	거절하는 말을 잘하는 편이다.	
41	윗사람이 꾸중을 하면 성이 나서 일일이 대꾸를 한다.	
42	나 자신의 감정을 잘 드러내지 못하는 편이다.	
43	내가 무슨 말을 할 때 상대방이 화낼까 봐 많이 염려한다.	
44	다른 사람이 나에게 충고하려고 하면 나도 상대방의 결점을 찾아내어 공격을 한다.	
45	다른 사람에 대해 별로 관심이 없는 편이다.	
46	다른 사람의 대화에 끼어들어 관심을 받으려고 하는 경우가 있다.	
47	상대가 어떻게 생각하든지 할 수 없는 일을 못한다고 거절하는 편이다.	
48	화가 나도 무조건 참는다.	
49	다른 사람으로부터 모욕을 당하면 당장 그 자리에서 상대를 골려준다.	
50	다른 사람에게 지나치게 화를 내는 경우가 있다.	
51	정직하게 '예' 혹은 '아니오'라고 말한다.	
52	까다로운 일에 대해 결정하기를 귀찮아 한다.	
53	상대방이 이야기를 할 때 귀 기울여 듣는다.	
54	상대방의 생각을 더 잘 알기 위하여 상대의 의사를 묻거나 확인한다.	

○ 비난형   5, 8, 11, 32, 33, 34, 37, 41, 44, 49, 50
○ 회유형   4, 7, 10, 12, 14, 16, 21, 23, 27, 31, 43, 48
○ 초이성형 3, 15, 17, 20, 24, 38, 39, 40, 42, 45, 47
○ 일치형   2, 13, 19, 22, 26, 30, 36, 51, 53, 54
○ 산만형   1, 6, 9, 18, 25, 28, 29, 35, 46, 52

다섯 가지 의사소통 유형 중에
'그렇다'에 해당하는 '1'을
제일 많이 얻은 유형이 본인의
주된 의사소통 유형이다.

자존감   :   말에 비치는 자존감 수준   **77**

1. 곰씨처럼 누군가로 인해 나의 시간과 공간이 침범당한 경험을 구체적으로 써보세요.

2. 그때 속상한 마음을 상대를 비난하지 않고 일치형으로 표현한다면 어떻게 말할 수 있을까요? (상황+나의 감정의 공식으로 말해보세요)

3. 나의 대화 유형은 무엇일지 예상해보세요.

4. 대화 유형 검사지를 이용해서 나의 대화 유형을 알아보세요.

이제까지
옹알이만 했네요

보는 것뿐 아니라 경쾌한 탁구공 특유의 소리와 함께 즐기는 탁구 경기는 스포츠 문외한인 나에게도 친근한 운동 중 하나입니다. 서로 공을 주고받는 모습을 숨죽이며 보다가 멋진 서브와 강한 스매싱이 터질 때면 보는 사람마저 신이 납니다. 탁구는 영어로 핑퐁(ping-pong)입니다. 탁구를 하기 위해서는 라켓으로 공을 상대방에게 넘겨야 합니다. 또 공을 받은 상대는 다시 상대방의 바운더리 안으로 리턴을 해주어야 합니다. 공의 속도와 회전하는 기술이 훌륭해도 일단 네트를 넘겨야 게임이 계속될 수 있습니다.

우리의 대화가 탁구와 닮았다는 생각이 듭니다. 내가 하는 말이 상대에게 제대로 전달되고 있는지, 상대가 내게 친 공을 넘기고 있는지 점검해보아야 합니다. 내 차례인데 넘기지 못하고 그 공을 붙들고 있다면 핑퐁 게임은 진행될 수 없습니다.

일보다 더 어려운 대인관계

"일은 얼마든지 할 수 있는데 대인관계가 어려워 출근하는 마음이 너무 무거워요."

황금빛 가을 들녘만큼이나 풍성한 인생의 전성기를 보내야 할 A씨의 고백입니다. 그녀는 직장에서 까다롭고 바쁜 업무를 처리하는 것보다 동료와의 관계가 더 어렵습니다. 이전 부서에서도 한 동료와 관계가 틀어져 곤욕을 치렀는데 올해 또 비슷한 상황이 생겨 무척 속이 상했습니다. 본인이 무심코 한 말을 상대가 오해하고 관리직에게 고자질하는 바람에 입장이 난처해졌다는 것입니다. 그 사람을 보기만 해도 또 부딪힐까 피하고 싶답니다.

"어떻게 그럴 수가 있죠?" 그녀의 반복되는 질문에서 자신과 상대를 더 잘 이해하고 싶다는 욕구가 느껴졌습니다. 그녀는 어린 시절 부모님이 너무 바쁘셔서 자기가 동생들을 돌봐야 했습니다. 부모님을 대신해 집안일을 알아서 해야 했고, 학교 숙제나 고민 같은 것은 스스로 해결하며 자랐습니다. 어려운 일이 있어도 누군가에게 부탁을 하거나 대화하는 것이 어색해서 결혼 후 남편에게 불만이 있어도 꾹 참고 넘어가다 보니 어느새 몸의 여기저기가 아픈 신경증을 경험하기도 합니다. 대인관계에서 거절에 대한 두려움이 크기에 오히려 사람들과의 관계에 다소 무관심하고 냉담하기도 합니다. 그녀는 마음의 어려움을 다스리기 위해 10여 년 동안 매일 아침 명상을 해왔지만 여전히 누군가와의 소통은 어렵다고 합니다. 더이상 상처를 주고받지 않기 위해 아예 대화 자체를 피하며 살아온 그녀, 퇴임을 얼마 남겨두지 않은 시점에서 그녀는 이제 좀 달라지고 싶어 합니다. 조금 더 성숙하고 멋진 중년의 삶을 위해 한 걸음 내딛고 싶어 하는 그녀와 함께 아니 카스티요 작가의 그림책 『핑!』을 읽었습니다.

중년이 되어 배우는 핑퐁 게임

"이제까지 나는 대화를 하지 않고 혼자 옹알이를 했네요." 책을 읽고 여운이 남는 듯 한동안 입을 떼지 않던 그녀는 상대에게 공조차 넘기지 않았다고 자책 섞인 말을 내뱉었습니다.

이 책에서 대화란 탁구 같은 것이라고 알려줍니다. 내가 핑을 하면 친구는 퐁을 하는 식입니다. 핑은 손가락으로 톡톡톡 보낼 수도 있고, 노래나 몸으로, 혹은 붓으로 그릴 수도 있습니다. 한 명이나 여러 명에게 동시에 전달할 수도 있습니다. 책을 출간해 세상 모든 사람에게 나의 메시지를 한꺼번에 알릴 수도 있고, 숲속에서 큰소리로 맘껏 외칠 수도 있습니다. 다만 이 핑퐁 게임의 규칙과 유의사항이 있습니다. '핑'은 온 마음으로 해야 합니다. 라켓에 에너지를 집중해서 공을 상대에게 보내는 것처럼 말입니다. 또한 상대가 나에게 보내는 '퐁'은 무엇이든 다 의미가 있다고 주의를 줍니다. 상대가 온 마음으로 보내는 것이니까요. 그러나 어떤 퐁을 받으면 마음을 가다듬기 위해 오랜 시간이 필요합니다. 내가 기대하지 않은 의외의 메시지일 수도 있기 때문입니다.

그녀가 핑퐁 게임을 포기하고 싶을 만큼 관계가 힘든 이유가 무엇이었을까요?

그녀는 상대가 퐁으로 반응할 때까지 기다리지 못할 때가 많았습니다. 혹 상대가 내가 원하지 않는 반응을 할까 두려웠기 때문입니다. 나는 너에게, 너는 나에게, 우리 모두는 자기가 원하는 반응을 할 권리가 있음을 잊지 말아야 합니다. 상대의 반응을 미리 정해 놓는 것은 월권행위입니다. 퐁이 내가 원하는 방향으로 오지 않을 때마다 실망하고 화내며 라켓을 던져버린다면 핑퐁 게임을 할 수 없습니다.

프로크루스테스를 만날 때

때로 우리는 자신이 세워놓은 가치와 기준을 강요하는 사람을 만납니다. 그리스 신화에 나오는 악당 프로크루스테스 같은 사람 말입니다. 프로크루스테스의 사전적 의미는 '잡아 늘이는 자', '두드려 펴는 자'라는 뜻입니다. 프로크루스테스는 여인숙을 운영하면서 나그네가 들어오면 자기가 만들어놓은 침대에

눕혀서 침대보다 큰 신체 부위는 잘라버리고 작으면 늘여서 죽여 버리는 잔인한 인물입니다. 결국, 이 악당은 아테네의 영웅 테세우스에 의해 자기가 다른 사람을 죽인 똑같이 잔인한 방법으로 처형당하게 됩니다.

이런 사람은 자기의 원칙이 옳다는 확신 때문에 결코 자신의 틀을 바꾸려고 하지 않습니다. 지극히 자기중심적인 완고함을 가지고 있는 것입니다. 이런 사람의 인간관계는 사람과 사람의 관계, '나와 너'의 관계가 아니라 '나와 그것'의 관계입니다. 달면 삼키고 쓰면 뱉는 것입니다. 이런 사람을 만나게 될 때 우리는 자신의 고유한 인격이 존중받지 못하는 것 같아 마음이 상하게 됩니다. 이런 퐁을 만날 때 우리는 그 퐁을 삭이기 위해 시간이 필요합니다. 때론 오랜 시간이 걸리기도 합니다. 프로크루스테스처럼 자신의 잣대와 가치를 강요하는 사람을 만나면 두려움으로 생각과 감정이 경직될 수밖에 없습니다. 상대의 요구에 맞추느라 자기의 생각과 정서를 인식할 여유가 없기 때문입니다. A씨 또한 자기의 핑에 대한 다른 사람의 비난과 판단이 트라우마가 되어 자기에게 다가오는 모든 퐁이 두려워 회피하고 있습니다.

핑퐁을 다시 시작하는 법

이 세상 모든 사람이 그런 악당은 아닙니다. 상처를 치료하지 않은 채 덮어두기만 하면 아물지 않습니다. 때론 누군가를 통해 우리의 상처는 치료되기도 합니다. 우리가 살아있는 동안에는 대화하는 존재, 핑퐁하는 존재이니까요. 어떤 사람은 업무와 일상의 짐과 무료함을 핑퐁으로 달래기도 합니다. 어떻게 하면 나의 핑퐁 게임을 재미있게 다시 시작할 수 있을까요?

먼저, 게임의 목표를 다시 정하는 것부터 시작해봅니다. 살짝 네트를 넘기는 것이 목표입니다. 어떤 방법으로든 나의 핑이 상대에게 전달되게 해야 합니다. 두 번째 유념해야 할 것은 상대의 어떤 퐁이든 의미가 있기에 상대의 퐁이 잘 이해가 되지 않을 때는 넘겨짚고 오해하기 전에 용기를 내어 물어보기로 합니다. 혹 시간이 필요하면 잠시 호흡을 가다듬으며 기다리는 방법도 있어요. 그러나 상대의 퐁은 그의 고유한 색과 향을 담고 있다는 것을 잊지 말아야 합니다. 상대는 어떠한 퐁이라도 할 권리가 있음을 인정하고 존중의 마음을 담아 조심스럽게 나의 핑을 보내야 합니다.

위드쌤의 마음 거울

1. 누군가의 퐁으로 인해 상처받은 적이 있다면 어떤 경우였나요?

2. 그때 나는 어떤 핑을 다시 보냈나요?

3. 지금 그 퐁을 받는다면 상대의 어떤 퐁이든 의미가 있음을 알았으니 어떤 핑을 보내면 좋을까요?

투사　　　：

어딜 가나
괴롭히는 인간이
있다고요

인본주의 심리학자 칼 로저스(Carl Rogers)는 한 사람이 전인격적
으로 성장하기 위해서는 무조건적 존중, 진실성, 그리고 공감이
라는 필요조건이 있다고 주장합니다. 아이가 신체적으로 성장
하기 위해서 영양이 공급되어야 하듯 내면이 성장하기 위해서
는 누군가에게 있는 그대로 받아들여지는 우호적인 환경이 필
요하다는 말입니다.

　성장기에 취약한 돌봄 속에서 자랐다면 지금보다 더 나은 사
람이 되고자 하는 의지를 가지거나 자기 삶에 장애물을 해결하
고 책임을 지는 사람이 되기 어렵다는 것을 예견할 수 있습니
다. 상담 장면에서도 상담자로부터 충분한 공감과 무조건적인
수용과 진실성을 경험하는 내담자는 자기의 문제를 스스로 해
결하고 앞으로 나아가려는 의지를 가지게 됩니다. 바로 칼 로저

스가 말한 인간의 본성인 자기실현의 경향성을 발현하게 되는 것입니다.

이제 맘 편한 곳에 정착하고 싶어요

보란 듯이 성공하고 싶어 꽤 열심히 공부해 좋은 학교를 졸업한 30대 P씨. 높은 경쟁률을 뚫고 원하는 직장에 들어갔지만 6개월 이상 버티지 못하고 지점을 계속 옮겨 다닙니다. 업무능력이 부족해서가 아닙니다. 어느 지점에 가도 자기를 괴롭히는 사람 때문에 힘들다고 합니다. 직장 동료나 후배와는 큰 갈등이 없는데 대부분 직장 상사나 선배들과 문제가 생깁니다. 직장 상사가 불공평하게 일을 처리하거나 상사로서 직무를 제대로 수행하지 않는 것 같으면 바로 그 자리에서 시시비비를 따져야만 합니다. 상황이 종료된 후 후회를 해보지만 이미 때는 늦었습니다. 이제 떠날 때가 되었습니다. 더이상 옮길 지점도 별로 없어 고민하는 그와 그의 어린 시절로 돌아가 보았습니다.

　그는 하루가 멀다 하고 만취 상태에서 들어오는 아버지의 발자국이 들릴 때면 늘 긴장 상태였습니다. 어머니가 한 마디라도 대꾸하시는 날은 세간살이가 날아가고 아버지는 자기가 보는 앞에서 어머니를 구타했다고 합니다. 어느 날, 어머니는 집을 나가서 돌아오지 않았고 아버지는 재혼해 새어머니가 낳은 동생들과 한집에 살았습니다. 혹여나 데리러 올까 기다렸던 엄마는 기대했던 모습이 아니라 더 실망스러웠답니다. 고등학교를 졸업하자마자 집을 나와 이를 악물고 아르바이트를 하며 대학을 졸업했습니다. 아버지가 있는 집이었지만 그곳은 그에게 안식처가 되지 못했습니다. 집에서도 학교에서도 따뜻한 미소로 반겨주는 사람이 없었던 그가 거쳐 온 자리가 얼마나 건조하고 추웠을까요?

온몸이 가시투성이가 되어 버렸어

그를 보니 온몸에 가시투성이인 아이가 생각났습니다. 권자경 작가의 그림책 『가시 소년』의 주인공입니다. 친구들과 사이좋게 지내고 싶어 책도 읽어보지만 잘 안 됩니다. 마음과 달리 가시처럼 날카로운 말을 내뱉어 친구들을 멀리 쫓아버립니다. 야단치는 선생님의 손가락, 놀려대는 친구들의 표정, 그리고 엄마 아빠의 다투는 날카로운 소리에서 자기를 보호하느라 점점 더 뾰족하고 큰 가시를 기릅니다. 소년은 아무도 자기를 건드리지 못하게 무장했지만 행복하지 않았습니다. 외로워진 가시 소년은 치과에 가서 가시들을 다 뽑고 친구들에게 환하게 웃어줍니다. '이제 나를 안아주세요', '나는 너를 좋아해'라고 말할 수 있게 되었습니다. 누구에게나 있는 가시, 그것으로 상대를 공격하면 더 외롭게 된다는 것을 깨닫게 된 것입니다.

30대 P씨는 어떻게 거칠고 뾰족한 방어기제를 가지게 되었을까요? 방어기제는 상처받지 않기 위해 무의식적으로 자기를 보호하는 말이나 태도입니다. 가시 소년처럼 거친 말일 수도 있고, 자기가 경험한 일을 부인하거나 부정하기도 합니다. 힘든 상황을 마주하기 싫어 사람이나 환경을 회피하는 방어기제도 있습니다.

어릴 적, 아버지 어머니의 다툼 소리를 들으며 P씨의 마음에 가시가 생겨나기 시작했습니다. 어머니가 떠나가 버린 후의 외로움과 버림받은 느낌은 그를 더 강한 가시로 무장하게 만들었습니다. 관심과 사랑을 받고 싶었지만 번번이 실망하고 자책할 수밖에 없었기에 그런 나약한 자기를 숨기고 괜찮은 척, 강한 척하며 살아야 했습니다. 아들인 자기를 지켜주지 못한 아버지에 대한 섭섭함과 원망이 직장 상사에게 투사되어 작은 일에도 상대를 공격해야만 직성이 풀렸습니다. 어딜 가나 자기가 있을 곳인지를 확인하느라 다른 사람의 시선에 안테나를 세워야 했습니다. 누군가 자기를 뒤에서 욕하지는 않을까 전전긍긍하면서 말입니다. 자기가 앉아 있는 자리를 위태롭게 하는 사람에게는 화살을 쏠 준비를 하느라 늘 신경에 날이 서 있었습니다. 불안하고 초조할 때 '그래, 괜찮아!'라는 한마디를 듣지 못했기에 그는 오랜 시간 자기를 스스로 보호하느라 가시로 온몸을 덮고 위험이 감지되면 본능적으로 공격하며 살아온 것입니다.

상담사인 나는 이제 더이상 떠돌아다니지 않고 어딘가에 정착하고 싶은 그의 마음을 공감하며 가시 같은 모습 그대로를 계속 수용해주었습니다. 어디를 가나 항상 자기를 괴롭히는 사람 때문에 정착하기 힘들다는 그가 이제 어떻게 하면 사람들과 잘 지낼 수 있는지 궁금해합니다. 다른 사람을 탓하기보다 자기 스스로 변하려는 의지가 보이기 시작했습니다.

선택과 책임

사람은 태어나 누군가에게 전적으로 받아들여지고 공감 받는 과정을 통해 자기가 얼마나 소중한 존재인지 알게 됩니다. 어떠한 판단이나 편견 없이 개방적이고 긍정적인 마음으로 받아들여진 경험은 자기 자신을 존중하게 하고 스스로 내린 결정에 확신을 가지게 합니다. 그 수용되고 공감받는 경험이 결핍되면 스스로를 보호하는 가시 같은 방어기제의 뿌리가 올라옵니다. 누군가 외로웠거나 배척당한 상처를 자극하면 내면에 도사리고 있는 가시들이 튀어나와 주변에 있던 사람들과 멀어지게 합니다.

실존철학자 카를 야스퍼스(Karl Jaspers)는 '인간은 결단하는 존재'라고 했습니다. 로고테라피(logotherapy)의 창시자 빅터 프랭클(Viktor Frankl)도 '자극과 반응 사이에는 공간이 존재한다'고 하며 인간의 선택과 책임을 강조했습니다. 어떤 자극이 주어지든 그 자극과 반응 사이의 공간에서 무분별하게 가시를 남발하기보다 더 나은 선택을 할 수 있다는 것입니다. 가시 소년이 입안의 가시를 다 뽑아버리고 활짝 웃었던 것처럼, 사용하던 공격용 무기를 내려놓아야 합니다. 지금 당장 자기를 에워싸고 있는 가시들이 사라지지는 않겠지만 사용 빈도를 줄여갈 수 있습니다.

칼 로저스의 자기실현이란 '충분히 기능하는 인간'입니다. 일과 업무에서만 잘 기능하는 것이 아니라 전인격적으로 더 나은 사람이 되는 것입니다. 서로를 존중하고 진실된 공감을 나눌 수 있는 역량을 포함합니다. 고슴도치들이 추워도 바싹 붙어 있지 않는 이유는 서로 상처를 주고받지 않기 위해서랍니다. 나에게 날카로운 가시가 있다는 것을 인정하고 상대방과 거리를 유지해야 합니다. 그 거리 사이에서 상대를 탓하고 따지는 습관을 버리고 상대를 공감하고 수용하는 성숙한 태도를 선택해야 합니다. P씨의 새로운 선택과 변화는 그를 지금 있는 자리에서 편안하게 정착할 수 있도록 만들어줄 것입니다.

1. 나에게는 어떤 가시(자기보호 방어기제)가 있나요? 그 가시가
   만들어진 계기는 무엇이었을까요?

_____

2. 대부분의 사람들은 상처를 주고받으며 살아갑니다. 나는 언제
   상처를 받나요?

_____

3. 더 나은 대인관계를 위해 가시 대신 선택할 수 있는 방법은 무
   엇이 있을까요?

_____

선택　　　:

어쩌다
결혼

미국 코넬대학 인간행동연구소의 신시아 하잔(Cynthia Hazan) 교수팀이 흥미로운 연구를 했습니다. 연구팀은 남녀 간의 애정이 얼마나 지속되는지 알아보기 위해 2년에 걸쳐 다양한 문화 집단에 속한 남녀 5,000명을 대상으로 인터뷰를 진행했습니다. 남녀 간의 가슴 뛰는 사랑은 18~30개월이면 사라진다는 연구 결과가 나왔습니다. 남녀가 만난 지 2년 전후면 대뇌에 항체가 생겨 사랑의 화학물질이 더이상 생성되지 않는다는 것입니다. 결국 사랑의 감정이 변하는 것이 자연스러운 현상이라는 것입니다. 열렬한 감정은 시간이 지나면 사라지기 때문에 그 사랑의 감정에만 끌려 결혼한다면 행복을 유지하기 힘들어진다는 말이 됩니다.

더이상은 같이 살기 힘들다는 판단에 확증을 구하듯 부부 상담을 오시는 분들 중에는 "사람을 잘못 본 것 같아요"라든가 "결혼하고 사람이 완전히 변했어요"라고 말하는 경우가 많습니다. 열정적으로 연애했던 커플도, 이 조건 저 조건 다 따져가며 고르고 골라 결혼에 골인했던 커플도 크게 다르지 않습니다.

핑크 렌즈 효과, 콩깍지 이론

사랑의 유효기간이 지나면 내가 알던 사람이 아니라고 상대를 비난하기도, 저런 사람을 선택한 자신이 원망스럽다고 하소연을 하기도 합니다. 이렇게 상대의 원래 모습을 보지 못하도록 우리의 눈을 가린 것을 '핑크 렌즈'라 합니다. Pink lens effect, 바로 '콩깍지'입니다. 사랑에 빠져 콩깍지가 벗겨지기까지 평균 1년 6개월에서 2년 6개월인데, 그 이후에도 지속적인 연인관계를 유지하는 비법을 연구한 로버트 스턴버그(Robert J. Sternberg)에 의하면 긍정적인 커플이 되기 위해서는 열정, 친밀감, 헌신의 3요소가 균형을 이루어야 한다고 합니다. 바로 사랑의 3각형 이론입니다.

열정과 친밀감은 강하지만 서로에 대한 헌신이나 책임감은 낮은 풋사랑, 열정은 식었지만 친밀감과 헌신은 강한 중년의 사랑, 친밀감과 열정은 사라지고 의무감만 남아 있는 사랑, 친구같이 친밀감만으로 유지되는 사랑 등 다양한 사랑이 있을 수 있습니다. 완벽한 정 삼각형 같은 사랑을 하는 사랑이야 없겠지만 우리의 사랑이 불꽃처럼 타오르다 꺼져버리는 열정만 가득한 것은 아닌지, 너무 익숙해서 의무감만 남은 사이는 아닌지 점검해야겠습니다.

스턴버그 박사는 핑크 렌즈가 내 눈을 가리기 전에는 그 사람에 대해 면밀히 관찰할 필요가 있지만 결혼 후에는 열정만큼 친밀감과 책임감을 유지하는 것이 중요하다고 조언해줍니다. 사실 결혼 상대를 선택하는 것은 그저 운명적으로 사랑에 빠지거나, 어쩌다 보니 정이 든 것 같지만 우리 마음속에는 배우자나 파트너에 대한 밑그림이 이미 그려져 있습니다. 배우자 선택에 대한 다양한 원리 중 세 가지를 생각해봅니다.

어쩌다 결혼?

배우자 선택 원리 첫 번째는 생물학적 이론입니다. 인간은 무의식적으로 종의 생존을 강화할 수 있는 배우자를 선택한다는 것입니다. 남성은 전형적으로 아름답고 건강한 여성을 선택하는데, 출산을 잘해서 가문을 이어갈 수 있는 여성에게 끌린다는 것입니다. 여성은 용감하고 강한 힘을 가진 남자에게 본능적으로 호감을 갖게 됩니다. 젊음이나 외모보다는 남성이 가진 능력을 선호한다는 것입니다. 딩크족(Double Income No Kids)이 많아지는 요즈음에도 배우자 선택 조건이 종족 번식이라는 것에 동의하기는 어렵지만, 남성의 경우 파트너 선택 조건에 외모가 최

우선 순위라는 사실을 간과하기는 어려울 것입니다. 일곱 살 차이가 나는 제 남동생도 결혼 전 이상형을 묻는 질문에 '과거는 용서해도 뚱뚱한 것은 용서할 수 없다'는 용납하지 못 할 조건을 제시했었습니다.

　두 번째 배우자 선택 원리는 '교환 이론'입니다. 나의 수준과 거의 비슷한 사람을 배우자로 선택한다는 사회심리적 관점입니다. 상대방의 친절, 창의성, 유머 감각 등과 같은 다양한 성격 특성뿐 아니라 재정 상태 외모 사회적 지위까지 주의 깊게 살펴보면서 나와 비교한다는 것입니다. 올드 미스이거나 재정적으로 좀 불안정한 남자라 할지라도 지적 매력이 있거나 성품이 좋다면 단점들이 커버된다는 것입니다. 나의 경제력이 외모의 매력과 교환될 수 있다는 의미입니다. 신체 매력 자본이 출중한 여성과 남성의 경제 자본의 교환은 주위에서 쉽게 목격할 수 있습니다. 자본주의 사회에서 내가 가진 자본과 상대가 가진 자본을 교환하는 것은 당연해 보입니다. 눈에 보이지 않는 정서적, 심리적 자본 또한 필요한 누군가에게 소중한 교환가치가 될 수 있을 것입니다.

　세 번째로 이마고(imago) 이론입니다. 하빌 헨드릭스(Harville Hendrix) 부부의 연구에 의하면, 서로에게 매력을 느낀 두 사람은 알고 보면, 닮은 구석이 굉장히 많다고 합니다. 배우자를 선택한 원인 그 이면에는 어린 시절 자신을 돌봐주고 키워준 사람들의 영향을 받아 마음에 새겨진 배우자상, 즉 이마고가 작용한다고 주장합니다. '이마고'는 라틴어로, '어떤 대상에 대한 이미지'입니다. 어린 시절 부모나 양육자를 통해 형성되는데 평생을 거쳐 타인과의 관계에 영향을 미칩니다. 양육자의 긍정적인 이미지를 가진 배우자에게는 그 긍정 경험을 재현하려는 욕구가 있고, 양육자로부터 받은 심리적, 정서적인 상처는 양육자와 닮은 배우자에게서 채우고자 하는 무의식적인 작용이 있다는 것입니다.

아버지 같은 사람과는 절대 결혼 안 하려 했는데

참 아이러니하지요? 해결되지 않는 갈등으로 힘들어하는 부부들은 나와 달라도 너무 다른 배우자 때문에 힘든 것 같은데 더 깊이 생각해보면 오히려 나와 비슷한 부분이 많다니요? 결국 내가 상대와의 관계 속에서 고통스러운 이유는 불만족스러운 상대의 행동이나 태도 때문이라기보다는 그로 인해 나의 이마고의 욕구가 충족되지 않아서라는 뜻입니다. 현재 해결되지 않는 갈등을 '내가 그때 눈이 삐었었지.' 혹은 '저 인간이 변했어.'라며 자기 탓, 남 탓하기보다는 그때 당시 나에게 최선이었던 사람을 선택했던 나 자신을 믿어야 합니다. 수많은 사람 중에서 하필 그 사람이 좋아 보였던 이유는 무엇이었는지, 그 사람의 어떤 점이 나를 행복하게 했는지 말입니다. 지긋지긋하게 미운 상대의 모습은 혹 내가 싫어했던 양육자의 부정적인 모습이 오 버랩된 것은 아닌지 점검해보아야 합니다.

아버지와 어머니의 불화 때문에 일찍 독립하여 결혼한 내담 자가 생각납니다. 그녀의 아버지는 3남매를 두었지만 바람처럼 물결처럼 떠다니는 한량이었습니다. 남편만은 능력 있는 남자 를 만나야겠다 다짐하고 결혼했는데 사업수완이 좋은 남편은 여성 편력이 많은 사람이었습니다. 어느 순간 남편의 모습에서 아버지를 발견하고 좌절하며 상담실을 찾은 내담자에게 지금 그녀의 배우자는 자기 무의식 속의 '이마고'가 찾은 최적의 배 우자임을 일깨워주었습니다. 과거의 나를 인정하는 것에서부 터 현재의 문제를 풀 수 있는 힘이 생기기 때문입니다. 또한 나 의 상처와 결핍에만 매몰되는 것이 아니라 상대의 이마고가 충 족되기 위해 나는 어떤 노력을 해야 할지 생각해보는 시간을 가 졌습니다. 상대를 의심하고 추궁하는 태도는 관계 개선에 도움 이 되지 않기 때문입니다.

배우자는 서로의 상처와 아픔을 품어주는 제2의 양육자입니 다. 내가 상대의 결핍을 채워준다면 배우자는 치유된 건강한 마 음으로 나의 정서적 필요를 채워주는 존재가 될 것입니다. 가끔 언제까지 참고 살아야 하느냐고 물어오는 내담자들에게 내일 이혼을 결정한다면 오늘까지는 노력하라고 합니다.

평생 해결되지 않는 문제를 안고 살아갈 수는 없기에 내가 견딜 수 있는 단기간을 1년 또는 3년으로 설정한 후 지금과는 다른 각도로 상대를 바라보는 노력이 필요합니다. 오랜 기간 동안 서로에게 소중한 사람으로 남는다는 것은 쉬운 일이 아닙니다. 가슴 뛰는 열정만큼 친구처럼 서로의 일상과 감정을 나누는 친밀감과 손해 보는 것을 주저하지 않고 책임지는 헌신이 중요합니다. 상대방이 아닌 나의 행복을 위한 노력, 가치 있는 일 아닐까요?

결혼한 부부간에는 눈에 보이지 않는 '관계 통장'이 존재한다는 이반 보스조르메니 나지(Ivan Boszormenyi-Nagy)의 말처럼 관계 통장에 행복 잔고가 얼마나 있는가에 따라 행복하고 안정적인 커플로 살아갈 수도 있고, 평생 '웬수'처럼 살아갈 수도 있습니다. 배우자의 작은 배려에서부터 사려 깊은 마음 씀씀이가 느껴질 때 통장의 잔고는 쑥 올라가지만, 잔소리와 비난의 반복은 마이너스 통장이 될 수 있다는 말입니다. 잔고가 든든한 관계 통장을 유지하는 것은 가정생활뿐 아니라 전반적인 삶의 만족도에도 영향을 끼칩니다.

나의 관계 통장은 지금 흑자인가요, 적자인가요?

1. 생물학적 관점에서 내가 중요하게 생각하는 배우자의 조건 세 가지는 무엇인가요?

2. 나와 나의 파트너가 교환할 수 있는, 교환한 자본은 무엇인가요?

3. 내 파트너에게서 발견되는 나의 부모님의 긍정적인 특성이나 부정적인 특징은 무엇인가요?

4. 나의 관계 통장의 잔고를 높이기 위해 내가 할 수 있는 작은 행동은 무엇인가요?

조화　：

다름이 만드는
새로운 무늬

아주 잘 맞는 연인이나 부부, 또는 부모 자녀 사이라 해도 삶의 패턴이나 성격이 똑같을 수는 없습니다. 라이프 스타일이 양극단인 사람들이 함께 산다면 집이 들썩들썩할 것 같아요. 내일 아침 필요한 준비물을 챙기지 않고도 천하태평인 아들과 매사에 준비가 철저하고 마무리가 깔끔한 성향을 가진 엄마의 일상을 상상해보세요. 엄마는 아들이 자기 일에 책임감도 없고 되는 대로 살아가는 한심한 사람이 될까 걱정일 겁니다. 아마도 아이를 양육하는 동안 혈압으로 쓰러질 것 같은 심리적 위기를 겪기도 하겠지만 엄청난 인내의 내공이 쌓일 것 같습니다.

한번 시작한 일은 끝까지 해내는 성실파 아빠와 호기심이 발동해서 이것저것 시작하고는 금세 싫증 내고 포기하는 딸은 어떤가요? 딸 입장에서 보면 아빠가 고리타분하고 숨이 막힐 정도로 답답해 보이지 않을까요? 그러나 아빠의 강점은 자신의 삶에 에너지를 가지고 적극적인 태도로 임하는 '열정'과 한번 시작하면 어떤 어려움이 있어도 포기하지 않고 목표를 이루고야 마는 '끈기'라 할 수 있겠죠. 서로가 가진 강점과 약점으로 어떻게 하면 아름다운 삶의 무늬를 만들어 갈 수 있을까요?

달라도 너무 다른 우리

결혼을 몇 달 앞둔 예비부부를 만났습니다. 시시콜콜 크고 작은 일에도 자꾸 다투게 된다며 울상입니다. 예비 신부는 살림 장만부터 내 집 마련까지 미리 계획하느라 벌써부터 머리가 지끈지끈하다는데, 신랑 될 사람은 살아가면서 천천히 하면 되지, 뭐하러 미리 다 하려고 사서 걱정하냐며 싱글벙글입니다. 아내는 MBTI 성격유형지표 중 상황에 대한 반응양식이 강한 J형이고 남편은 정반대인, 강한 P형입니다. 목표의식이 분명하고 무슨 일에든 미리 준비하고 계획을 세워놓아야 직성이 풀리는 아내와, 목표를 세워놓고 경직된 태도를 취하기보다 상황에 따라 유연하게 대처하기를 원하는 남편이 엮어갈 일상이 쉬워 보이진 않지만 참 다양하고 생기 가득할 것 같습니다.

아내는 자신의 삶을 잘 관리하긴 하나 혹 계획대로 일이 되지 않을까 노심초사하느라 마음에 여유가 부족할 수도 있겠죠. 함께 고민하며 문제를 해결하려 하지 않는 남편이 야속하고 무책임하게 보여 잔소리 대마왕이 될 가능성이 있습니다. 반면, 남편은 예상치 못한 상황에도 여유 있는 '대처 갑' 스타일이기에, 상대의 철두철미한 태도가 목을 죄어오는 듯한 답답함이 느껴질 수도 있습니다.

MBTI 검사를 마치고 예비 신부에게 '사람들은 달에 갈 생각만 하느라 자기 발밑에 핀 꽃을 보지 못한다.'라는 슈바이처 박사의 말을 전해주었습니다. 예비 신랑은 아무 준비도 하지 않는 대책 없는 사람이 아니라, 어떤 상황에도 대처할 수 있는 긍정 정서가 많은 강점이 있다는 것을 귀띔해주었지요.

이 커플 상담을 마친 나는 이상미 작가의 그림책『달에 간 나팔꽃』의 나팔꽃과 사토 신의『뭐 어때!』의 적당씨를 떠올렸습니다.

열정과 끈기의 나팔꽃

어느 날 나팔꽃은 낮에 달을 본 후 달에 가고 싶어 합니다. 시간이 갈수록 꽃잎이 더 풍성해진 나팔꽃은 달에 가고 싶은 마음이 더 커져갑니다. 푸른 나팔꽃 잎사귀 사이에 꼭 붙어 있는 개미도 나팔꽃의 마음과 같은 걸까요? 나팔꽃은 초록 열매의 시절에도 갈색 열매로 변해가면서도 달에 대한 열정이 깊어져만 갔어요. 이제 나팔꽃은 까만 씨앗이 되어 깜깜한 흙속에 들어갔지만 달에 가고 싶은 꿈이 어둡고 축축한 시간을 견디게 해 주었을 것 같습니다.

다시 봄이 찾아와 무럭무럭 자란 나팔꽃은 달까지 닿도록 길게 하늘을 향해 손을 쭉 뻗어봅니다. 달까지 한걸음에 내딛으려는 걸까요? 공중을 획획 가르며 그 가느다란 줄기에 온 에너지를 집중시켜 달을 향해 전력 질주합니다. 이제 다 왔나 싶어 고개를 들어보니 달은 아직 저만치 멀다는 것을 알고 크게 실망합니다. 나팔꽃은 결코 포기하지 않고 또다시 힘을 내어 결국엔 노랗고 환한 달에 도착하게 됩니다.

적당씨의 호기심과 심미안

어느 날 아침에 눈을 뜬 적당씨는 깜짝 놀랐어요. 출근 시간이 이미 지나버렸거든요. 보통사람 같으면 옷을 입는 둥 마는 둥 허겁지겁 뛰어나갈 법도 하건만 어차피 늦었다는 마음으로 음악을 들으며 아침을 느긋하게 먹습니다. 배고프다고 멍멍 짖는 애완견에게 실수로 산 고양이 밥을 먹이면서도 '뭐 어때!', 버스에서 신문을 보다가 회사를 지나쳤는데도 '뭐 어때!', 이왕 정거장을 놓쳤으니 평소와 다른 풍경을 보며 신나 합니다. 아마도 적당 씨는 새로운 것에 흥미를 느끼고 다양한 경험을 추구하는 호기심이 가득한 사람인가 봅니다. 버스가 해변도로를 달려 바닷가에 도착하자 빨리 바다에 뛰어들고픈 마음에 가방은 버스에 두고 내렸지만 또 한 번 '뭐 어때!'. 적당 씨는 일상에서 만나는 자연과 상황에서 아름다움과 고유함을 발견하는 눈을 가진 것 같아요.

어떡하죠? 온몸으로 바다를 만끽하느라 머리부터 발끝까지 옷이 다 젖어버렸고 벗어놓은 신발마저 파도에 휩쓸려 가버렸어요. 버스비도 없어 걸어서 회사까지 가면서도 적당씨는 콧노래를 부르며 갑니다. 해가 어두워져서야 오늘이 일요일 것을 안 그는 아무렇지도 않게 다행이라는 듯 다시 집으로 향합니다.

'최선'과 '무신경'의 균형이 필요해

나팔꽃이 달에 가기 위해 쏟은 에너지는 실로 어마어마할 것 같습니다. 그 작고 가녀린 몸으로 어떻게 달까지 가려는 꿈을 품을 수 있었을까요? 우리 모두는 사용할 수 있는 시간과 에너지가 제한적이기에 나팔꽃이 앉으나 서나 오매불망 달에 가고자 에너지를 다 쏟았다면 함께하는 가족과 친구들에게 나눠줄 관심이 없지 않았을까 염려됩니다. 그와 함께하고 싶은 이들은 마음이 외롭고 나팔꽃으로부터 존중받지 못한다고 생각했을 수도 있을 것 같아요. 성장과 성취의 가치만큼 일상의 관계에서 나누는 사랑과 소통도 소중하니까요.

반대로 적당씨의 여유만만한 태도는 다른 사람들에게 성실하지 못하다는 오해를 받을 수도 있겠지만 그의 유연함은 새로운 일에 누구보다 창의적인 아이디어를 내고 주위에 웃음을 제공해줄 것 같습니다. 무언가를 하고 싶은 열정으로 최선을 다해 성취하는 사람에게는 적당씨의 삶에 대한 심미안 한 움큼, 매사에 신경 쓰지 않고 '뭐 어때'의 태도로 일관하는 적당씨에게는 자신의 행동이 다른 사람에게 미치는 영향에 주의를 기울이는 노력 한 스푼이 필요해 보입니다.

예비 신부와 예비 신랑은 나팔꽃의 비현실적인 '최선'과 적당 씨의 '무신경함'이란 양극의 시소에서 각자의 삶의 태도를 점검해보기 바랍니다. 시소 꼭대기에서 상대의 단점을 꼬집으며 시비를 걸어보기보다는 '다름'이 '틀림'이 아니기에, 다양성과 고유성을 인정하려는 노력이 필요합니다. 상대의 약점보다 강점을 인정해줄 때 그 격려와 지지의 힘으로 약점조차 극복하려는 의지가 생겨 더욱 아름다운 결혼의 무늬를 만들어 갈 수 있지 않을까요?

1. 내가 제일 싫어하는 상대의 단점은 무엇인가요?

2. 내가 처음에 반한 그 사람의 장점을 세 가지만 적어 보세요.

3. 나는 상대의 장점이 보일 때마다 인정하고 칭찬해주나요? 오늘부터 하루에 한 번 상대의 단점이 아닌 장점에 주목하고 칭찬해주는 습관을 길러 보세요.

기대   :

믿는 만큼
될게요

결혼 10년차의 부부 관계가 살얼음판처럼 조마조마합니다. 아내는 대학병원 간호사로 안정적인 사회생활을 하고 있는 데 비해 남편은 직장에서 얼마 못 버티고 계속 직장을 바꾼다고 합니다. 아내는 남편의 직장생활뿐 아니라 약속을 잘 지키지 않거나 무엇이든 미루는 태도, 모든 것이 못마땅한 듯 보입니다. 혹여나 아내가 불만을 쏟아내기라도 하는 날에는 남편은 며칠이라도 말을 하지 않아 속을 태운다고 합니다. 아이들 앞에서 싸우지도 못하고 남편을 보면 한숨만 나오는 아내, 어떻게 해야 할까요?

강도들이 달라졌어요

그녀에게 하고 싶은 말은 남겨두고 토미 웅게러의 그림책 『세 강도』 얘기를 먼저 나눴습니다.

컴컴한 밤과 뒷골목은 세 강도의 주 무대였습니다. 강도들을 마주치기만 해도 여자들은 무서워 기절했고 남자들은 달아났겠죠. 지독히도 깜깜한 어느 날 밤, 강도들은 고급스러워 보이는 마차 하나를 세웠습니다. 마차 안에는 심술궂은 숙모네로 보내지는 티파니라는 고아 소녀만 타고 있었습니다. 그 아이는 무서운 밤길에 만난 이 강도들이 오히려 반가워 활짝 웃어주었습니다. 이제껏 사람들은 강도들을 피해 도망 다니기만 했기에 어린 소녀의 환한 미소는 그들에게 너무 낯설었습니다. 티파니는 그날부터 세 강도와 함께 지내게 되었습니다. 어느 날 티파니가 강도들이 모아놓은 보물상자를 보며 어디에 쓸 건지 물어보았습니다. 강도들은 남의 것을 빼앗아 모으기만 했지 그것들을 어떻게 사용할지를 생각해보지 않았기에 횡설수설합니다.

티파니의 이 질문은 강도들의 삶이 달라지는 계기가 되었습니다. 그때부터 강도들은 길을 잃은 아이나. 불행한 아이, 버려진 아이들을 데려와서 돌보기 시작했습니다. 온 나라에 이 소문이 퍼져서 스스로 찾아오는 아이, 누군가 데려다 놓는 아이들로 이 집은 북적거리게 되었다는 이야기입니다. 강도짓으로 모은 재물로 하는 선행이 정당한가 그렇지 않은가 보다는 무엇이 강도들의 삶을 달라지게 하였는지에 초점을 맞추고 대화가 이어집니다.

세 강도는 그 누구에게도 받아보지 못한 '환영받는 경험'을 했습니다. 그들의 주무대는 어두운 거리, 늦은 시간이었기에 누군가로부터 따뜻한 미소를 경험하기 어려웠겠죠. 게다가 그들은 두건을 쓰고 위협적인 태도로 다가갔기에 누구라도 그들과 가까이할 수도 없었을 겁니다. 그러나 티파니는 어떤 편견도 없이 그들에게 미소를 보여주었지요. 마치 아무 힘없이 친척집으로 실려가는 자기를 도와줄 좋은 사람인 것처럼 대해주었습니다. 세 강도는 그 아이의 기대를 실망시키지 않으려 노력했습니다. 소녀가 기대하는 좋은 일, 착한 일을 하기로 결심했던 것입니다.

기대하는 만큼 성공한다

누군가가 나를 어떤 사람으로 보느냐, 나에게 어떤 기대를 가지고 있느냐에 따라 우리는 그 사람과의 관계 패턴을 만들어가고 그것이 우리의 삶이 됩니다. 누군가가 자기를 믿어주고 지지해주면 그 기대를 저버리지 않기 위해 노력한다는 가설을 증명한 실험이 있습니다. 바로 로젠탈 효과라고 불리는데 이 실험을 한 교육학자 로버트 로젠탈(Robert Rosenthal)의 이름을 딴 것입니다. 어느 초등학교에서 지능검사를 실시한 후 지능이 거의 비슷한 학생들을 두 그룹으로 나눴습니다. A그룹에게는 "너희들은 지능지수가 높으니까 앞으로 성적이 많이 오를 것 같아. 선생님이 너희들을 지켜볼게."라고 했고 비슷한 지능을 가진 B그룹에게는 교사가 아무 말도 하지 않았습니다. 어떤 변화가 있었을까요? A그룹 아이들은 수업 시간에 선생님의 가르침에 집중하였고 과제도 충실히 해오기 시작했습니다. 몇 개월 만에 A그룹 아이들의 태도와 성적이 놀랍게 향상되었습니다. 무엇이 이런 결과를 만들었을까요? 선생님의 관심과 기대가 A그룹 아이들을 달라지게 만든 것입니다. 누군가 자기에게 긍정적 기대를 가지고 있다는 것만으로도 뭔가를 열심히 하고 성취하고자 하는 의지를 불러일으키게 된다는 것을 보여주는 실험입니다.

빠른 속도를 위해 꼭 필요한 것은 기름입니다

아내는 현실에는 민감하면서 남편의 마음에는 둔감했습니다. 빨리 달리기 위해서는 큰 엔진이 장착된 차보다 먼저 가솔린이 있어야 한다는 사실을 간과했습니다. 가정을 위해 살뜰히 살림하고 아이들을 양육하며 남편을 앞에서 이끌려 했지만 정작 필요한 남편의 자존감과 의욕은 꺾여 있었습니다. 직장을 찾고 적응해야 할 사람은 남편인데 지금 달리고 있는 사람은 아내입니다. 사실 그녀는 시댁 동서와 은근 경쟁 중입니다. 남편의 두 살 연하 시동생은 이 부부보다 늦게 결혼했지만 벌써 집을 장만했습니다. 명절 때마다 좀처럼 풀리지 않는 자기 가정과 동서 가정을 비교하며 남편에게 하소연하기 일쑤였습니다.

실패하는 남편을 향해 "내가 그럴 줄 알았어"라고 질책하기보다 "당신에게 맞지 않는 직장이었나 봐요. 좀 더 알아봐요"라고 한다면 자기를 신뢰하는 아내를 위해 다시 한번 용기를 낼 것입니다. 아내의 현실에 대한 불안이 남편의 사기를 잘라버린 것 아닐까요?

세 강도를 만난 소녀가 강도에게 편견 없는 기대를 걸어주었을 때 그들 안에 착하게 살아보고 싶은 욕구가 발현되었습니다. 아내가 에너지를 쏟아야 할 부분은 왜 그것밖에 못 하느냐고 다그치는 것이 아니라 남편을 믿고 기다려주는 것입니다. 남편에게 필요한 것은 진심으로 자기를 지지하고 격려하는 사람입니다. 남편으로서, 아빠로서 다시 일어서고자 하는 마음에 기대와 믿음의 기름을 부어주어야 합니다. 누군가를 믿어주고 기대하는 마음을 가질 때 상대방이 그 기대에 힘입어 열심히 노력하게 된다는 로젠탈 효과는 부모-자녀 간에, 또는 부부간에도 적용됩니다. 혹 불만스러운 관계가 있나요? 내가 상대를 바라보는 편견이나 부정적인 시각은 없는지 점검해보아야 합니다.

1. 열심히 했지만 결과가 좋지 않아 실망했는데 누군가가 나에게 다시 한 번 할 수 있도록 기대를 걸어준 사람이 있었나요?

2. 내가 한 일에 대해 칭찬해준 사람과 그 일은 무엇인가요?

3. 최근에 누군가를 격려하고 기대해준 적이 있나요?

관계　　　:

꽃과
꽃대처럼

사람은 관계 속에서 태어나 관계를 추구하며 관계 속에서 생을 마감합니다. 인간(人間)이라는 뜻이 바로 사람 사이에 존재한다는 의미이니까요. 우리 모두는 누군가와의 관계 속에서 행복을 누리고, 때론 그 사람과 편치 않은 사이로 인해 아파하면서도 끊임없이 관계를 만들며 가꾸고, 때로는 접기도 합니다. 그런 의미에서 관계란 고정되어 있는 것이 아니라 움직이는 속성을 가지고 있습니다.

부모 자녀 관계, 친구 관계, 형제자매 관계, 사제 관계 등 수많은 관계 중에서 부부만큼 역동적이고 희로애락의 감정을 폭넓게 경험할 수 있는 사이가 또 있을까요? 부부를 통해 부모 자녀 관계가 만들어지고 시부모, 처부모를 비롯하여 수많은 관계가 만들어지니까요.

우리 이혼할까요?

결혼 20년차인 부부를 상담했을 때가 생각납니다. 명랑하고 사교적인 아내를 보는 순간, 숫기 없던 남편은 이미 그녀를 아내감으로 찜해두고 오랜 구애 끝에 결혼하게 되었습니다. 결혼 초부터 시어머니는 교육계 인사를 많이 배출한 자신의 집안에 대한 자부심이 강하다 못해 아내 집안을 얕보는 언사를 일삼았습니다. '키 크고 잘난 내 아들'에게 시집온 며느리는 행운이라며 수위 넘는 언행으로 스트레스를 주기 일쑤였습니다. 그런 상황에서도 남편은 강압적인 부모님의 기에 눌려 성장해왔기에 어머니의 공격적 언사에서 아내를 보호해주지 못했습니다. 전형적인 회피형의 성향을 지닌 사람이었지요. 남편은 보수적이고 권위적인 아버지를 보면서 자신은 자상한 남편, 따뜻한 아빠가 되리라 결심했지만 자기도 모르는 새 무심한 아버지를 닮아 있었습니다.

학벌, 직장, 미모 그 어느 것 하나 빠지는 게 없는 아내는 시댁에만 가면 주눅이 들어 점차 얼굴에 웃음이 사라지고 남편에 대한 실망으로 부부 사이는 멀어져갔습니다. 부부 사이에 대화도 거의 없고, 몇 년째 각방을 쓰면서도 남편은 크게 불편함이 없다는 태도로 일관했습니다. 이런 쇼윈도 부부 같은 삶을 청산하고 싶다는 아내의 호소도 남편에겐 크게 들리지 않았지요. 그러는 사이에 두 아이조차도 아빠의 존재를 밀어내고 있음을 감지한 후에야 아내와 함께 상담실을 찾았습니다.

남편은 아내가 요구하는 자상한 남편과 따뜻한 아빠의 역할이 어떤 것인지 잘 몰랐다고, 부부간의 친밀감은 도외시한 채 가장으로서의 권위만 중시했노라고 용서를 구합니다. 남편의 솔직한 사과에 그동안 참고 있던 눈물이 봇물처럼 터져나오면서도 아내는 더이상은 남편에게 기회를 주지 않으려 합니다. 두 사람은 막다른 골목에 섰습니다. 이 부부가 서로의 관계를 형상화하기 쉽도록 그림책『두 사람』을 보여주었습니다.

우리 부부는 어떤 관계일까

이보나 흐미엘레프스카의 그림책『두 사람』은 누군가와 친밀한 관계를 시작한다는 것은 서로에게 열쇠와 자물쇠와 같은 의미가 된다고 말합니다. 둘이 짝이 맞아야만 문이 열리기도 하고 잠기기도 하는, 서로에게 없어서는 안 되는 사이가 되는 것이지요. 딱 맞는 열쇠로 문을 열면 남 모르는 기쁨과 자유를 누리기도 하고, 또 서로만의 행복과 비밀을 안전하게 잠글 수 있습니다. 두 사람은 넓은 바다에 각기 다른 화산과 폭포를 품은 섬처럼 밀려오는 풍랑에 함께 휩쓸리며 살아가지만 각자 저만의 삶의 애환을 견뎌야 합니다.

어떤 관계는 모래시계처럼 손을 맞잡고 서로에게 있는 소중한 것들을 주고받기도 하지만, 집의 반대편 기둥처럼 서로에게 다가가고 싶어도 갈 수 없는 사이도 있습니다. 안타까워 눈물을 흘리면서도 지붕을 받치고 있는 힘든 손을 내리지 못하는 이유는 그 손으로 지켜야 할 무언가가 있기 때문이겠지요. 밤과 낮처럼 서로 공존할 수 없는 때도 있지만 서로의 가슴 속에 동일한 희망의 나무를 가꾸고 있기에 현실을 견뎌내는 커플도 있습니다. 힘을 합해 바다를 항해하는 돛과 돛대 같은 관계도 있고 아름다운 빛과 향을 품은 꽃과 그 꽃을 보호해주는 꽃대 같은 사이도 있습니다. 어떤 두 사람은 서로 다른 나무지만 뿌리는 서로 연결되어 각기 다른 색깔로 숲을 아름답게 가꾸어갑니다. 자전거의 두 바퀴같이 함께 여행하며 때로 약해진 상대를 기다려주며 치료해주기도 합니다. 작가는 "함께여서 더 쉽고 함께여서 더 어렵다."라는 말로 관계의 정의를 내리고 있습니다.

이제는 꽃과 꽃대처럼

남편은 이제까지 그들의 관계가 서로 다른 곳을 바라보며 각자 인생의 짐과 고민을 안고 살아가는 바다 위의 두 섬처럼 느껴진다고 했습니다. 두 사람 모두 장남, 장녀이기에 부모님과 집안에서 얹어주는 무언의 책임감으로 마음이 패이기도, 때로는 화산이 분출되기도 했겠지요. 각자의 삶의 무게를 감당하느라 서로 공감해주고 위로해줄 마음의 여유가 없었던 걸까요?

남편은 "앞으로는 꽃과 꽃대처럼 꼭 붙어 있는 사이가 되고 싶습니다."라며 눈시울을 붉혔습니다. 미숙한 아이처럼 아내 뒤로 숨는 남편이 아니라 아내가 꽃같이 예전의 밝은 미소를 회복할 수 있도록 언제 어디서든 아내 편이 되어 보호해주겠다는 강한 의지를 보여주었습니다. 남편의 고백이 바닥까지 말라버린 아내의 애정의 샘물을 다시 퍼올리는 마중물이 될 수 있을까요?

'눈물은 신이 인간에게 선물한 치유의 물'이라고 한 정신과 의사 헨리 모즐리(Henry Maudsley)는 눈물로 씻기지 않은 슬픔은 결국 몸을 울게 한다고 경고합니다. 아내는 얼마 전부터 두통과 불면증으로 시달리며 마음의 아픔을 몸으로 소리치고 있습니다. 이 부부의 20여 년간의 곪은 상흔이 지금 서로가 흘리는 눈물로 다 씻어지기를 바랍니다. 전혀 다른 노랑과 파랑의 눈물이 온천지를 초록으로 덮어버리는 그림책의 한 장면처럼, 지금 두 사람이 흘리는 눈물을 새로운 관계를 잉태할 희망으로 보고 싶습니다. 아직 남아 있는 서로에 대한 기대가 아름다운 꽃을 피우는 꽃과 꽃대를 만드는 밑거름이 되어 함께여서 어려웠던 그들이, 이제는 함께여서 더 쉬운 인생 여행을 즐길 수 있기를 기대합니다.

1. 그림책에서는 두 사람의 관계를 열쇠와 자물쇠, 건물의 양쪽 기
   둥, 바다 위에 떨어져 있는 섬들, 돛과 돛대, 모래시계 등으로 묘
   사합니다. 현재 나와 파트너는 어떤 관계처럼 느껴지나요?

2. 앞으로 우리 커플이 되고 싶은 관계(위의 관계 중)는 어떤 것인
   가요?

3. 만족스러운 관계 상태를 10, 불만족 상태를 1로 표현했을 때
   현재는 몇 점 상태인가요?

4. 만족스러운 관계를 만들기 위해 내가 할 수 있는 작은 행동은
   무엇인가요?

양육　　：

부모
성적표

얼마 전 초등학생 아들 문제로 속상해하는 엄마를 만났습니다. 아들이 저학년 때까지는 엄마의 말도 잘 듣고 학교와 학원에 성실히 다녔는데 고학년이 되자 아무것도 하지 않으려 하고 성적도 제대로 나오지 않는다고 하소연합니다. 누구보다 성실한 직장인이자 엄마로 아이를 사랑하지만 자녀만큼은 마음대로 안 된다는 그녀의 고백은 부모라면 누구나 공감할 수밖에 없습니다.

　그녀와 얼마 전에 본 디즈니 액션 어드벤처 〈정글 크루즈〉 스토리를 나누었습니다. 나는 이 영화를 보고 알프레드 아들러(Alfred Adler)가 강조한 부모의 양육 태도가 자녀의 생활양식에 미치는 영향에 대해 다시 생각하게 되었습니다. 생활양식이란 성격이나 삶의 태도라는 말로 이해할 수 있는데 영화 속 개성이 강한 등장인물들의 성격이 아들러의 네 가지 생활양식을 잘 표현해주고 있습니다. 아들러는 인간은 본능을 추구하고, 생후 6년경이면 성격 구조가 결정된다는 프로이트 이론에 반발하여 '개인심리학'이라는 독자적인 영역을 구축했습니다. 정신과 의사이자 심리학자인 그는 아이의 성격이 부모의 영향을 받기는 하지만 자기의 삶의 목적에 따라 선택하고 수정할 수 있다고 주장했습니다.

4인 4색 영화의 등장인물

영화의 주요 등장인물은 네 명입니다. 먼저 전 인류를 질병에서 해방시킬 수 있는 치료식물인 '달의 눈물'을 찾아 위험한 아마존 오지 탐험에 뛰어든 식물학자 릴리, 두 번째 인물은 릴리의 탐험에 동행한 남동생 맥그리거, 그는 위험한 정글에 가면서도 모자와 신발, 갖가지 옷이 든 트렁크를 엄청나게 챙겨온 폼생폼사 스타일입니다. 누나처럼 인류를 질병에서 구원하겠다는 것에는 관심이 없고 오로지 누나의 치마폭에 의존하는 사람입니다. 세 번째는 아마존 탐험에 없어서는 안 되는 선장 프랭크, 그는 달의 눈물을 찾다가 저주를 받아 가족을 잃은 아픔을 겪었기 때문에 더이상 생명을 담보로 그 식물을 찾는 것을 포기하고 크루즈 선장으로 조용히 살아가고 있었습니다. 마지막 인물은 전세계를 정복하려는 권력욕에 사로잡힌 독일계 왕자 요아힘입니다. 그는 '달의 눈물'을 먼저 손에 넣으려고 릴리 일행을 뒤쫓아가 훼방을 놓습니다.

릴리의 인류애가 과연 열매를 맺을 수 있을까요? 삼킬 듯 거친 협곡의 물살과 위험한 정글을 뚫고 치유제를 손에 넣을 수 있을지, 악당 요아힘의 방해 공작을 빠져나올 수 있을지 손에 땀을 쥐게 했습니다.

아들러가 말하는 생활양식은 '사회적 관심'과 '활동 수준'이라는 두 개의 요인으로 지배형, 기생형, 회피형, 사회적 유용형의 네 가지로 분류됩니다. 첫째, 지배형은 다른 사람이나 공동체의 이익에는 관심이 없고 자기가 가진 힘으로 타인을 강압하는 유형입니다. 사회적 관심은 낮고 활동 수준은 높으니 활동할수록 다른 사람을 힘들게 할 뿐입니다. 둘째, 기생형은 자신의 욕구를 타인을 통해 이루려는 타입입니다. 무언가를 노력해서 성취할 의지와 노력이 부족합니다. 사회적 관심과 활동 수준 모두 낮은 경우입니다. 셋째, 회피형은 실패에 대한 두려움 때문에 어려워 보이거나 새로운 것에 도전하지 않으려 합니다. 기생형과 마찬가지로 사회적 관심과 활동 수준 모두 낮습니다. 넷째, 사회적 유용형은 자신과 타인의 욕구를 모두 충족시키려는 긍정적인 유형으로 사회적 관심과 활동 수준이 모두 높습니다.

릴리는 사회적 유용형, 동생 맥그리거는 기생형, 선장 프랭크는 회피형, 독일 왕자는 지배형으로 분류할 수 있습니다. 물론

아들러의 생활양식

	사회적 유용형 사회적 관심이 커서 자신과 타인의 욕구를 동시에 충족시킴	지배형 독선적 공격적	
활동수준 높음			
활동수준 낮음	기생형 자신의 욕구를 다른 사람에게 의존하여 충족시킴	회피형 성공의 욕구보다 실패의 두려움이 큼	
	사회적 관심 높음	사회적 관심 낮음	

선장 프랭크는 처음에는 회피형이었지만 릴리의 설득으로 정글을 탐험하면서 점차 릴리를 사랑하게 되고 그녀의 인류애를 함께 공유하게 됩니다. 아들러가 주장한 것처럼 개인의 의지와 목적에 의해 생활양식이 변화된 케이스입니다. 부모라면 자녀가 자기가 원하는 것을 성취하기 위해 최선을 다하고 사회에서 인정받는 삶을 살기를 원할 것입니다. 동시에 다른 사람에게 선한 영향력을 끼치며 공동체에 기여하는 사회적 유용형의 생활양식을 가진 사람이 되기를 바랄 것입니다. 이렇게 자기 자신과 다른 사람의 욕구를 모두 충족하는 사회적으로 유용한 생활양식을 가진 사람으로 기르려면 어떻게 해야 할까요?

자녀의 생활양식은 부모의 양육 성적표

자녀의 생활양식에 영향을 미치는 부모의 양육 태도에 대해 내담자와 대화를 이어갔습니다. 그녀는 지금 아들의 태도를 바꾸기 위해서는 아들의 행동을 탓하기보다 먼저 본인의 양육 태도를 바꿔나겠다는 의지를 보였습니다. 아들이 더 잘 되었으면 하는 바람에서 '조금 더, 조금 더' 재촉한 것이 아이를 지치게 했다는 것을 깨달아갔습니다. 아이의 작은 실수를 꼬집으며 질책한 것이 새로운 일에 대한 두려움으로 앞으로 발을 내딛지 못하게 했던 것입니다. 엄마가 방과 후 학원 스케줄을 다 짜주고 관리하니, 아이는 시간표대로 움직여야 하는 로봇처럼 느껴졌겠지요. 지나치게 개입하고 구속하는 환경에서는 아이가 무언가에 호기심을 가지고 스스로 해내려는 자율성이 길러지기가 어렵습니다. 자녀가 스스로 방향과 속도를 자율적으로 정할 수 있게 뒤에서 기다리며 격려해 주어야 합니다. 국어 수학 성적이 만족스럽지 못하면 유명한 학원이나 과외교사를 물색할 수도 있겠지요. 그러나 자녀 양육은 그 누구에게도 맡길 수 없는 부모의 고유한 과업입니다.

몇 년 전, 우연히 나와 같은 생각을 가진 PD가 있다는 것을 신기해하며 '부모성적표'라는 EBS프로그램을 시청했던 적이 있습니다. 그 프로그램은 관찰 카메라에 담긴 부모와 자녀의 모습을 보며 평가단이 부모의 성적을 매기는 컨셉이었습니다. 이 과정을 통해 부모와 자녀는 팽팽하게 맞서던 자기의 입장을 내려놓고 서로에게 조금 더 마음의 문을 열어갑니다. 상황에 따라 부모의 성적이 오르내리는 긴장감을 통해 부모는 자녀의 입장에서 자기 자신을 인식하게 됩니다.

한 사람의 부(모)에게 열 명의 자녀가 있으면 그 자녀가 인지하는 부(모)도 열 명이라는 말이 있습니다. 내가 같은 태도를 보여도 자녀에 따라 다르게 받아들인다는 의미도 있겠지만 부모가 모든 자녀를 공평하게 대한다 해도 실제로 부모의 태도가 열 명에게 똑같을 수는 없습니다. 관계는 대상에 따라 다른 모양이 만들어지기 때문이지요. 그것이 자녀의 관점에서는 차별과 불공평으로 느껴질 수도 있습니다. 요즘은 한 자녀도 귀한 시대지만 내가 생각하는 '부모로서의 나'와 자녀가 느끼는 '부모로서의 나'의 온도의 차는 존재할 수밖에 없습니다. 나의 자녀가 사회적 관심도 높고 활동성도 높은 사회적으로 유용한 사람으로 성장할 것인가, 그렇지 않은가에 부모의 기여도가 크다는 것을 인정해야 합니다.

부모는 사랑과 규칙을 적절히 조율해야 합니다. 신체적, 정서적 필요를 살펴 공급해주는 사랑의 축과 자기의 행동과 태도를 점검하고 절제하게 하는 규칙의 축이 균형을 이루도록 노력해야 합니다. 사랑이라는 이름으로 모든 것을 허용하고 무제한의 자유를 주면 방종으로 이어져 책임감이 부족하고 다른 사람

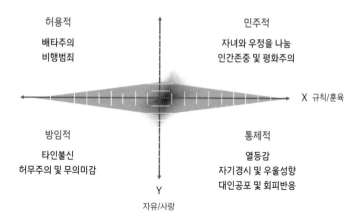

다이애나 바움린드의 양육 태도

을 배려하지 못하는 사람이 될 수 있습니다. 반대로 규칙을 지나치게 강조하고 일거수일투족 개입하면 자녀는 주눅이 들어 도전과 실패를 두려워하는 소극적인 태도를 가지게 됩니다.

부모의 양육 태도가 민주적일 때 자녀는 기쁨, 즐거움, 희망 등의 긍정 정서를 경험하고 자아 탄력성과 자기존중감을 유지할 수 있습니다. 부모가 자기 자신의 원함과 자녀의 원함을 모두 존중하고 조율하는 태도로 양육할 때 자녀는 아들러가 말하는 사회적 유용형으로 자라게 됩니다. 규칙과 사랑의 균형을 완벽하게 유지하는 부모는 없겠지만 현재 자기의 양육 태도를 스스로 점검하고 자녀가 보는 부모로서의 나를 인지하는 습관을 기른다면 좀 더 성숙하고 민주적인 부모가 되리라 생각합니다.

1. 부모로서의 나를 스스로 평가한다면 몇 점 정도라고 생각하나요?

2. 부모로서의 나는 몇 점 정도인지 자녀에게 물어보세요. 그런 점수를 받은 이유는 무엇일까요?

3. 아래의 부모 양육 태도 검사지를 통해 본 나의 양육 태도는 무엇인가요?

4. 민주적인 양육 태도(사랑과 규칙의 균형감)를 가지기 위해 내가 수정해야 할 부분은 무엇인가요?

부모 양육태도 검사

문항 내용	전혀 1	보통 2	자주 3	항목별 합계
1-1 잔소리하지 말고 꾸물대지 말고 지금 당장 가자.				
1-2 약속을 어겼으니 규칙대로 오늘 저녁은 굶어야 해.				
1-3 닥치지 못해! 어른한테 대들어? 그래. 엄마, 아빠가 누구 때문에 이 고생하는 줄 알아?				
1-4 이유 없다. 시키는 대로 해(하라고 하면 해).				
1-5 너는 결코 실수해서는 안 돼. 네가 책임을 지는 이상 네가 다 알아서 해.				
2-1 네가 한번 해봐(네가 해결해). 나는 지금 시간이 없어.				
2-2 아빠, 엄마는 할 일이 있어. 네 일은 네가 알아서 해.				
2-3 뭐야, 좀 더 조심히 할 수 없어?				
2-4 또 늦잠이야? 넌 왜 매일 그 모양이니? (이유를 묻지 않는다)				
2-5 너는 내가 바보같이 보이니? 아니 엄마 아빠가 허수아비로 보여?				
3-1 늦게 잤으니 늦게 일어날 수밖에 없지.				
3-2 참 공부하기 어렵지? 그걸 이겨내야 해.				
3-3 얘야, 식기 전에 밥 먹어라. 따뜻하게 먹어야 살로 가지.				

* 채점방법 : 1~4까지 항목별 합계를 구합니다. 가장 높은 점수의 항목이 본인의 양육태도입니다.

문항 내용		전혀	보통	자주	항목별 합계
		1	2	3	
3-4	제발 화 좀 내지 마라. 못 견디겠다. 짜증 부린다고 해결되니?				
3-5	좀 빨리 해라. 꾸물대면 엄마가 늦어. 아니면 나중에 해.				
4-1	또 어겼구나! 어떻게 된 일인지 같이 이야기하자.				
4-2	늦게까지 내버려 두고 싶지만 네가 잠을 못자면 내 마음이 아프단다.				
4-3	우선 감정을 가라앉힌 다음에 이일에 대해 의논하기로 하자.				
4-4	또 걸렸구나? 이번에는 내가 도와주마. 그 다음에 더 좋은 방법이 없는지 생각해보자.				
4-5	네 친구들과 놀러 간다고 허락받기 전에 먼저 어디로, 무엇을 하러 가는지 자세히 이야기해 주겠니?				

1. **강압형/독재형** 부모는 규칙 강조형으로, 자녀가 권위자를 두려워하거나 반감을 가지게 됩니다.

2. **방임형/무관심형** 부모는 규칙과 사랑 모두 부족하여 자녀가 자제력이 부족하고 공격성이 강한 사람으로 자랄 가능성이 있습니다.

3. **허용형/과보호형** 부모는 자녀의 요구나 충동적인 행동을 다스리지 못합니다. 자녀는 규칙을 무시하고 타인의 권리를 존중하지 않게 됩니다.

4. **민주형/신뢰형** 부모는 사랑과 규칙의 균형을 이루어 자녀의 생각을 존중하고 수용적인 태도를 가집니다. 대인관계와 사회 적응력이 높은 자녀로 성장합니다.

제3부

불안과
불행
사이

거울 뉴런 :

뇌에도
거울이 있다

재미있는 영화나 드라마를 보다 보면, 등장인물이 웃으면 나도 모르게 입꼬리가 올라가고 화를 내면 나의 미간도 찡그려집니다. 어떤 사람은 같은 장면을 보고도 감정이 동요하지 않는가 하면 어떤 사람은 본인이 작품의 등장인물인 양 눈물 콧물 흘리며 희로애락을 함께 느끼기도 합니다. 이런 감정의 전염 현상은 어떻게 생기는지, 또 사람마다 차이가 나는 원인은 무엇일까요?

얼마 전 큰아들이 대학에 합격은 했지만 친구 사귀는 것을 어려워하고 정서가 불안해서 대학 생활을 잘 해낼지 걱정이라는 엄마를 만났습니다. 그녀는 결혼 초 경제적인 문제와 집안 갈등으로 이혼까지 생각하던 차에 임신이 되었는데, 별거 중에 출산한 첫아들을 낳은 지 얼마 안 되어 남편의 형님댁으로 보냈다고 합니다. 몇 년 후 남편과 재결합하여 아들 둘을 더 낳았지만, 큰아이는 여러 가지 사정으로 초등학교 입학할 즈음에 집으로 데려왔습니다.

큰아들은 새로운 가족과 사는 것이 어색하기도 하고 불편할 법도 할 텐데 별로 표현하지 않고 조용히 적응하려고 노력했습니다. 생명공학박사인 아빠를 닮았는지 성적은 상위권이었지만 의기소침하고 자신감이 없어 보여 엄마가 늘 안타까웠다고 합니다. 엄마에게조차 속마음을 좀처럼 보여주지 않아 아들에게 다가가는 것이 지금까지도 숙제라며 엄마는 한숨을 내쉽니다.

미소 빼곤 다 준 엄마

그녀의 아들이 누군가와 친밀감을 가지는 것에 대해 두려워하는 이유를 생각해 봅니다. 남편과의 정서적 연결이 끊어진 엄마의 자궁에 열 달 동안 머물며 엄마의 슬픔과 아픔을 고스란히 먹고 마셨을 태아의 마음을 잠시 더듬어 봅니다. 태어나 기대했던 단 한 가지, 엄마의 따뜻한 미소와 눈길은 끝내 아들의 몫이 되지 못했습니다. 엄마와의 애착의 기회를 빼앗긴 경험이 트라우마가 되어 누군가와 가까워지는 것이 주저되었을 것입니다. 그것은 헤어짐과 버려짐의 고통을 되풀이하고 싶지 않으려는 몸부림인 것입니다.

존 볼비의 '애착 이론'에 의하면 네 살 이전에 아이와 양육자간의 애착이 형성되지 않는 경우 심리적 안전감의 결여로 뇌의 성장뿐 아니라 감정과 지적 능력도 더디게 됩니다. 애착은 행복과 자존감을 만드는 토양입니다. 이 안전한 토양 위에서 아이는 지적, 정서적, 신체적으로 마음껏 성장할 수 있습니다. 최근 뇌과학자들은 다양한 실험과 연구를 통해 태내의 환경이 출생 후의 학습 능력이나 정서적 성장에 많은 영향을 미친다고 주장합니다. 정자와 난자가 만나는 그 순간부터 아이는 엄마가 웃을 때 함께 웃고 엄마가 아파할 때 같이 고통을 느낀다는 것입니다. 태에서 10개월간 무엇을 듣고, 맛보고, 느꼈는지가 출생 후 10년의 행·불행을 좌우한다는 말을 증명해줍니다.

결혼과 임신이라는 인생의 대전환기에서 새로운 생명을 환영해주지 못한 채 떠나보내야 했던 엄마의 안타까운 마음을 헤아려 봅니다. 남편과의 갈등으로 인해 스스로를 세울 수 없을 만큼 힘들었기에, 내 속의 또 다른 생명을 기쁨으로 맞아주지 못하고 외롭게 한 것에 대한 미안함이 가슴에 맺혀 있었을 것입니다. 지금 엄마는 빗장이 닫힌 아들의 마음 문 앞에 안타깝게 서 있습니다.

그녀와 윤지회 작가의 그림책 『방긋 아기씨』의 내용을 잠시 나누었습니다.

크고 화려한 궁궐에 사는 왕비의 이야기입니다. 그녀는 모든 것을 가졌지만 늘 혼자인 것 같아 마음이 외로웠습니다. 마음

둘 곳 없는 왕비에게 선물처럼 아기가 생겼습니다. 아기씨가 태어나자 왕비는 잠시도 곁을 떠나지 않고 온갖 좋은 것을 제공해주었지만 어째서인지 아기는 한 번도 웃지를 않았습니다. 마음이 조급해진 왕비는 최고의 요리를 만들어 먹이고 비단옷을 지어 입혔지만 아기는 말똥말똥 엄마만 쳐다볼 뿐, 표정에 변화가 없었습니다. 고민 끝에 광대를 불러 재미있는 장면도 만들어보고, 영험하다는 의사인 듯 마술사인 듯한 사람도 불러 보았지만 소용이 없었습니다. 왕비의 노여움으로 위기에 처한 의사가 자기가 가져온 깃털을 왕비의 콧가에 갖다 대었습니다. 간지러움을 참지 못한 왕비가 웃음을 터트리고 눈물까지 흘리며 웃고 또 웃게 됩니다. 엄마가 활짝 웃는 장면을 본 바로 그때, 아기는 그제야 함박 미소를 지었답니다. 아기의 눈동자에 비친 엄마의 환한 얼굴이 아기의 마음을 밝혀준 것입니다. 아기가 엄마의 표정을 따라하게 되는 메커니즘은 뇌과학과 심리학으로 설명이 가능합니다.

뇌에도 거울이 있다

사람의 뇌에는 거울 뉴런이라는 신경이 있는데 다른 사람의 행동을 관찰하고 모방하는 기능을 합니다. 이탈리아 파르마 대학 신경과학 연구팀이 원숭이를 대상으로 실험하였습니다. 원숭이가 직접 땅콩을 먹을 때 활성화되는 세포와 누군가가 땅콩을 먹을 때 반응하는 뇌의 부위가 같다는 것을 발견했습니다.

애착 심리학자 피터 포나기(Peter Fonagy)와 존 알렌(Jon Allen)은 애착과 신경생리학의 연구를 통해 영아가 양육자와의 의미 있는 상호작용을 할 때 정서와 사회성이 발달한다고 주장합니다. 엄마가 영아에게 정서를 표현하거나 영아의 얼굴 표정을 따라 하는 미러링 과정을 통해 아이는 자신의 정서 상태를 인식하고 그 정서와 표정의 주체로서 정서를 조절할 수 있게 된다는 거죠.

거울 뉴런을 통해 양육자의 말과 행동을 보며 자라는 아이는 자기가 그 말과 행동을 하는 것처럼 뇌가 반응을 합니다. 아이에게 먹여야 할 것이 단지 신체적 영양소만은 아님을 깨닫습니다. 엄마의 다정한 미소와 아빠의 따뜻한 목소리는 아이의 심리적 영양소가 되어 마음의 근육을 만들어갑니다. 결국 거울 뉴런을 통해 아이는 부모가 아이의 신체적 정서적 필요에 반응하는 것을 보고 배웁니다.

양육자와의 유기적인 상호작용은 영아 자신의 정서뿐 아니라 다른 사람의 정서를 인식하고 공감하는 능력을 길러줍니다. 결국 영아기에 양육자와의 상호작용을 통해 거울 뉴런이 잘 발달된 사람은 대인관계도 잘하게 된다는 것을 알 수 있습니다. 공감 능력은 선천적으로 타고나는 것이 아니라 양육자의 말과 행동을 통해 배우는 후생 유전자라고 할 수 있습니다. 아들은 태에서부터 정서적 영양분의 결핍을 경험했습니다. 출생 후에도 뇌 거울을 통해 쌓아야 할 엄마와의 경험이 너무 부족했지요. 엄마와 아들은 이제야 미뤄두었던 서로의 마음보기를 시작합니다. 엄마는 탯줄로 연결되어 있던 자신의 분신을 지켜주지 못한 죄책감을 직면하기가 두려웠을 것입니다. 아들은 아들로서 온전히 받아들여지지 않을 것 같은 두려움으로 엄마에게 성큼 다가갈 수 없었을 것입니다.

아들에게 찍힌 엄마의 얼굴

"어린 시절 우리가 믿고 의지하는 대상인 부모의 따뜻한 포옹과 말 한마디는 상처 난 무릎에서 흐르는 피를 멈추게 해준다."
—비벌리 엔젤

비단 무릎에 흐르는 피뿐일까요? 넘어졌다는 실패감과 수치감까지 다 아물게 해주지 않을까요? 이런 안전한 품에 안기는 경험이 쌓이면 우리는 힘이 들 때 누군가에게 도움을 요청할 용기를 가지기도 하고 위로가 필요한 사람들에게 먼저 손 내밀어 줄 수도 있습니다. 아들은 무릎에 난 상처를 혼자 돌보며 지독한 외로움을 느꼈을 것입니다. 그 상처를 보며 자신이 무가치한 사람인 것 같아 안정된 정서를 유지하기가 어려웠을 것입니다.

스무 살이 된 아들의 거울 뉴런에는 엄마에 대한 어떤 정보가 담겨 있을까요? 지금 아들의 경직된 정서와 표정은 바로 엄마의 걱정과 한숨이 찍힌 사진들입니다. 뇌과학자들과 심리학자들의 연구처럼 초기 양육환경에서의 경험이 아이의 태도와 성격을 만들고 그의 인생이 되어 갑니다. 윤지회 작가의 그림책『방긋 아기씨』에서 엄마가 아기 곁을 24시간 지키고 최고의 음식과 옷을 제공해 주었지만 아기는 웃지 않았습니다. 엄마의 어둡고 굳은 얼굴로는 미소를 가르쳐줄 수 없었기 때문입니다. 엄마의 무기력하고 슬픈 표정은 아기의 얼굴뿐 아니라 마음까지 메마르게 했습니다. 백지 같은 아이의 마음에 엄마의 미소가 비치면 이 세상에 대한 신뢰와 자신감이 길러집니다. 누군가에게 행복을 주는 사람이 되리라는 자부심이 생겨납니다. 이제 죄책감으로 가려진 엄마의 진심 어린 애정과 사과는 아들의 얼어붙은 마음을 녹이기 시작했습니다. 머지않아 엄마에 대한 신뢰가 아들이 인생의 바다를 마음껏 항해하는 돛이 되기를 기대합니다.

1. 나와 내 자녀가 닮은 특성을 써보세요.

1) 긍정적 특성

2) 부정적 특성

2. 내 자녀가 어떤 사람이 되었으면 좋을지 세 가지 형용사로 써 보세요.

예) 유능한/행복한/자신감 있는/재치 있는/믿음직한/다정한/따뜻한

1)

2)

3)

화해 :

나와의
소통

시간여행에 대해 생각해 본 적이 있나요? 만약 여러분에게 어린 시절의 내가 찾아오는 믿기지 않는 일이 생긴다면 그 아이는 지금의 나를 자랑스러워할 것 같나요? 아니면 자기가 꿈꾸던 미래가 아니라고 실망할 것 같나요?

영화 〈키드(The Kid)〉의 주인공 러스는 어머니가 돌아가신 후 홀로 지내는 아버지로부터 전화가 걸려오면 미간을 찌푸리며 '패스'하고, 사무실로 찾아와도 쌀쌀맞게 대합니다. 마흔 살인 러스에게 어느 날 여덟 살 때의 자신인 러스티가 나타납니다. 러스는 포르쉐를 타고 멋진 집에 사는 성공적인 이미지의 컨설턴트이지만 다른 사람의 마음을 잘 공감하지 못하고 상처 주는 말을 일삼는 미성숙한 사람입니다. 러스티는 어른 러스에게 "마흔 살이나 되었으면서 결혼도 하지 않고 비행기 조종사도 되지 못했군요. 어른이 되면 키우겠다고 다짐했던 체스터라는 개도 없이 혼자 살아요?"라며 쏘아붙입니다. 러스는 이해할 수 없는 상황을 만나 혼란스러웠지만 어린 러스티를 통해 자신의 아픈 기억 하나를 떠올립니다.

너 때문이 아니야

러스는 자기가 친구도 없이 공부에만 매달려 성공을 위해 달려왔던 이유가 자기를 괴롭힌 친구들 때문이라는 것을 알게 되었습니다. 어릴 적 억울하게 당하기만 했던 기억을 바꾸기 위해 러스티와 함께 과거로 돌아갑니다. 러스티는 그날도 시비를 걸며 괴롭히던 친구의 얼굴을 통쾌하게 한 방 날려버립니다. 러스와 러스티는 뛸 듯이 기뻤습니다. 속이 후련했지만 그 일로 건강이 좋지 않았던 엄마가 학교에 불려왔습니다. 노발대발한 아버지는 "너 때문에 엄마가 죽을 수도 있다"며 러스티의 몸을 흔들어대며 위협했습니다. 어른 러스는 어린 러스티를 따뜻하게 안아주며 "네 잘못이 아니야. 아빠도 두려워서 그런 거야"라고 위로하며 함께 뜨거운 눈물을 흘립니다. 그날 러스와 어린 러스티는 70세 노인이 된 미래의 러스를 만납니다. 여자친구 에이미와 결혼했고, 키우고 싶었던 개, 체스터와 함께였습니다.

미래의 러스는 가족과 함께 꿈에 그리던 비행기를 직접 조종하여 미래로 다시 떠납니다. 어른 러스와 아이 러스티는 "우리가 해냈어, 우린 패배자가 아니야"라고 목이 터져라 외치며 기뻐합니다. 러스는 이제 과거의 상처와 미래의 불안에서 자유로워집니다. 영화 〈키드〉의 주인공 러스는 사회적 성공은 이루었지만 대인관계에 미숙하고 가족과도 친밀하게 지내지 못했습니다. 그가 여덟 살의 자기인 러스티를 만나 행복한 미래를 열어가게 된 원인을 세 가지로 생각해봅니다.

첫째, 어린 러스티는 왜 하필 여덟 살이었을까요? 어린 '나'가 상처 입은 시점은 각자 다를 수 있습니다. 엄마가 나를 버리고 집을 떠났던 때, 아버지가 어머니를 때리는 장면을 목격했을 때, 곧 이혼할 듯 치열하게 부모가 싸울 때와 같이 시기가 다 다르지만 아이는 그때 정서적 성장이 멈춥니다. 엄마가 나 때문에 돌아가셨다는 죄책감과 아버지의 질타가 여덟 살의 러스티의 성장을 멈추게 만들어 버린 것처럼 말입니다.

둘째, 상처 입은 어린 '나'는 어떻게 다시 자랄 수 있을까요?

러스티가 엄마가 자기 때문에 돌아가셨다는 생각에 충격을 받았더라도 누군가 그 상처를 공감하고 위로해주었더라면 마음이 얼어붙지는 않았을 것입니다. 마음이 자라기 위해서는 지금 내가 흥분하며 감정의 홍수에 휩싸이는 것이 현재의 상황 때문이 아니라 과거에 상처받은 어린 '나' 때문일 수 있다는 것을 인정해야 합니다. 나 때문이라고 자책하지 말고 그 무력했던 나를 안아주고 보듬어줄 때 어두운 감정의 터널에서 빠져나와 성장의 햇살을 맞이할 수 있습니다.

셋째, 어떤 성장을 기대할 수 있을까요?

거절당하고 질책을 받는 충격은 정서적 성장을 멈추게 하고 타인과의 교류를 두려워하게 만듭니다. 우리가 가장 먼저 화해하고 소통해야 할 대상은 바로 자기 자신입니다. 또다시 아픔을 겪을까 두려워 무의식으로 밀어 넣어두었던 자기의 핵심 감정을 직면해야 합니다. 외롭고 슬프고 화가 나 마음의 문을 닫은 나와 소통하기 시작할 때 다른 사람과의 관계에 물꼬가 트입니다. 자신의 진실된 정서를 마주하고 표현할 수 있어야 타인의 정서도 인지하고 건강한 관계를 가꾸어 갈 수 있습니다. 러스가 어린 자기인 러스티의 상처와 아픔을 공감하고 수용했을 때 여자친구 에이미와 친밀한 관계로 나아가 결혼하게 된 것처럼 말입니다. 어린 나를 만나 회복되는 과정을 통해 잃어버렸던 소중한 추억과 가족, 사랑하는 사람들과의 관계를 다시 열어갈 수 있습니다.

엄마가 아팠기 때문에 충분히 엄마의 아들로서 살아가지 못했던 러스티. 자신의 감정에 사로잡혀 아이의 외롭고 두려운 마음을 만져주지 못하고 도리어 아이에게 무거운 죄책감을 얹어놓는 미성숙한 아버지로 인해 러스티는 마음의 문을 닫게 되었습니다. 자기 몸을 소중히 여기지 않아 비만아가 되었고 마음은 쪼그라들었습니다. 학교에서는 친구들에게 괴롭힘을 당하고 가정에서도 정서적 돌봄을 받지 못했던 러스티는 그야말로 정서적 유기, 방임, 학대의 위기에 놓여 있었습니다. 스스로 보호할 수 없는 아이가 정서적 고아처럼 마음 붙일 곳이 없었던 것입니다.

호모 로퀜스

인간은 호모 로퀜스(Homo loquens), 언어적 존재입니다. 소통하고 대화하는 존재인 인간이 다른 사람과 단절된다는 것은 고통스러울 수밖에 없습니다. 어린 시절 중요한 타자인 부모와의 언어적, 비언어적인 정서 교류 경험은 자신의 욕구나 생각, 심리상태를 이해하고 타인의 말과 행동을 해석하는 능력을 기르게 해줍니다.

언어의 개념조차 모르던 시기에 표정과 울음으로 표현한 자기의 생각과 느낌을 민감하게 말과 행동으로 반응해준 양육자를 통해 아이는 공감을 몸으로 배우는 것입니다. 상대의 표정과 말 속에서 그 사람의 감정까지 읽고 반응해줄 수 있게 됩니다. 상대방의 태도에서 내가 언제 어떤 반응을 보여야 할지 모른다는 것은 내가 원하고 필요로 했던 것을 부모로부터 제공받은 경험이 부족했기 때문일 수 있습니다.

아이가 자라는 데 최적의 양육환경을 제공받은 사람이 얼마나 될까요? 어쩌면 영화 〈키드〉의 주인공 러스는 우리의 이야기일지 모릅니다. 지금 부모로부터 걸려오는 전화를 선뜻 받기 주저한다는 것은 성장기 어느 지점에 상처받은 어린 나가 있다는 것을 의미합니다. 오로지 성인인 나 자신만이 그 어린 나를 위로하고 성장시킬 수 있다는 것을 알아야 합니다. 나의 도움을 기다리는 내 안의 아이는 몇 살쯤일까요? 이제 그 어린 나를 만나야 합니다. 외로웠던 나, 화가 났지만 억눌러야만 했던 나, 나 때문인 것 같아 부끄러웠던 나를……. 러스가 그렇게 무서워 했던 아버지는 아내의 죽음을 두려워했던 나약한 한 인간이었다는 것을 알게 되었을 때 아버지와의 막힌 담을 허물 수 있었던 것처럼 말입니다. 그리고 말해주어야 합니다. 러스가 어린 러스티에게 "네 잘못이 아니야"라고 한 것처럼 어린 나에게 이제는 괜찮다고 안심시켜 주어야 합니다.

바닥을 기던 아이가 서고 걷고 달려가기까지 넘어지고 다시 일어서는 시간이 필요하듯, 성인이 되어 자기 스스로를 보호하고 책임지기 위해서도 많은 시행착오를 겪어야 합니다. 결핍과 아픔이 러스의 마음을 얼어붙게도 했지만 성공으로 이끈 동력이 되었듯, 나의 아픔과 슬픔은 나를 성장하게 하는 에너지입니다. 그 에너지로 다시 일어서면 됩니다.

1. 지금까지 살아오면서 가장 행복했던 순간은 언제였나요? 무엇 때문에 행복했나요?

2. 내가 가장 외롭고 슬펐을 때는 몇 살 즈음이었나요? 어떤 일이 내 마음을 아프게 했나요?

3. 힘들었던 어린 '나'를 위로하고 공감하는 글을 한두 문장으로 써보세요.

분노　　　:

안전 스위치를
켜라

우리는 하루 동안에도 다양한 정서를 경험합니다. 아침에 메이크업과 헤어스타일이 의도한 대로 잘 나오면 왠지 하루가 잘 풀릴 것 같은 기대감이 올라옵니다. 그러나 누군가로부터 예기치 않게 언짢은 소리를 듣거나 부당한 대우를 받으면 어느새 아드레날린이 분비되어 두통과 근육이 마비될 듯 화가 치솟습니다. 흥미로운 것은 아드레날린을 비롯한 우리가 경험하는 특정 감정들은 활성화되었다가 멈추는 데 평균 90초 정도 걸린다고 합니다. 그런데 몇 시간 아니 몇 날 며칠 특정 감정에 붙들려있는 이유는 우리가 그 감정을 선택했다는 것을 의미합니다. 특정 감정을 자주 경험한다는 것은 내가 그 감정에 익숙하여 습관이 되었다고 할 수 있습니다.

　연구에 의하면 한 주에 한 번 이상 화나 분노를 표출하는 사람이 91.8%, 서른다섯 번 이상 화를 내는 비율은 50%가 넘는다고 합니다. 사실 '분노'라는 감정은 위험에 대처하는 방법 중 하나로 자기를 보호하고자 하는 에너지입니다. 마음의 안정을 위협하는 불안이 감지되었을 때 느끼는 부정 정서입니다. 이 에너지가 과도하면 공격적이고 적대적인 태도를 보여 다른 사람과 갈등을 빚을 수 있습니다. 분노의 감정은 심리적 거리가 먼 관계보다는 부부나 부모-자녀 사이에 많이 발생합니다.

소중한 관계를 해치지 않기 위해서는 분노를 잘 관리해야 하지만 마음대로 되지 않습니다. 분노 조절 실패로 인한 사건 사고가 지속적으로 늘어가는 것을 보면 알 수 있습니다. 아무 잘못도 없이 누군가의 감정 쓰레기통 취급을 당한 적은 없는가요? 아빠 안에 있는 무섭고 냄새나는 '앵그리맨'이 스멀스멀 올라올 때면 몸과 마음이 얼어붙는 소년 '보이'가 있습니다. 가정폭력의 피해자였던 보이의 아빠는 분노를 대물림하는 가해자가 되어 버렸습니다. 보이는 아빠가 어린 시절의 여린 아빠를 위로하고 내면 깊은 곳에 있는 노인과 화해하기를 간절히 바라고 있습니다. 그로 달레의 그림책 『앵그리맨』에서 발견하는 분노의 파괴적인 모습입니다. 보이의 아빠가 이토록 사랑하는 가족에게 화를 퍼붓는 공포의 대상이 된 배경은 무엇일까요?

분노 표현 방식 세 가지

같은 상황을 경험해도 화가 나는 정도도 다르고 화를 표현하는 방법도 개인마다 다 다릅니다. 분노학자 찰스 스필버거(Charles D. Spielberger)에 의하면 분노는 개인의 주관적 느낌이기 때문에 분노를 경험해도 사람에 따라 분노 대처방식이 다르다고 합니다. 같은 스트레스 상황을 경험해도 그 상황을 인지하는 정도와 분노를 느끼는 정도, 표현하는 방식이 다르다는 의미입니다. 스필버거는 분노 표현 방식을 긍정적인 방식인 '분노 통제'와 부정적인 방식인 '분노 폭발'과 '분노 억제', 세 가지로 설명합니다.

분노를 억제하는 사람은 분노는 무조건 나쁜 것이라는 생각에 자기의 감정 자체를 부정하기 때문에 내면에 상당한 스트레스가 발생합니다. 화난 감정을 내색하지 않고 그 상황을 피하려고만 하기 때문에 우울감이나 절망감 등 심리적 부적응을 일으키고 자살의 위험성이 높아진다는 연구도 있습니다.

분노 폭발은 자신의 분노 감정을 통제하지 않고 직접 언어와 신체 반응을 통해 표출하는 방식입니다. 상대를 비난하고 모욕감을 주며 공격성을 띠기도 합니다. 잦은 분노 폭발은 심혈관계 질환을 유발할 수 있습니다.

자기의 분노를 긍정적으로 표현하는 방식인 분노 통제는 내부의 분노 감정을 빨리 감소시키고 조절하려고 노력하는 태도를 말합니다. 상대방에게 말로 자기가 화난 이유를 흥분하지 않고 전달하려고 노력합니다. 자신의 의견을 구체적으로 설명하여 이 상황 이후 서로의 관계까지 고려하여 상대방을 대하는 것입니다. 우리 내면에 즐거움과 기쁨의 정서가 유지되면 좋으련만 어떻게 우리는 우리의 긍정 정서를 불태워버리는 분노를 통제하지 못하고 그 감정에 휩싸이게 되는 걸까요?

성인 애착과 분노 표현

성인 애착(adult attachment)은 자기가 친밀감을 느끼는 사람과 가까운 거리를 유지하면서 신체적으로나 정서적으로 안정감을 추구하려는 심리적 경향성을 의미합니다. 한 사람이 두 가지 이상의 애착유형을 가진 경우가 86% 정도라고 발표했는데, 이것은 부모와 형성된 애착과 성인기의 애착 패턴이 다를 수 있음을 보여줍니다. 결국 애착은 생애 초기 주 양육자와의 관계에서 형성된 것으로, 성인기 타인과의 관계에 영향을 미치지만 변화 가능성이 있다는 것입니다. 성인 애착 유형을 연구한 켈리 브레넌(Kelly Brennan)은 애착과 불안을 2차원적 모형으로 설명합니다.

　안정형은 자기가 사랑받을 만한 가치 있는 존재라고 느끼며 친밀한 관계를 형성하고 유지할 수 있습니다. 상대를 신뢰하여 버려짐에 대한 불안이 낮은 경우입니다. 몰두형은 타인에 대해서는 긍정적이지만 자기 자신에 대한 낮은 평가로 인해 버림받

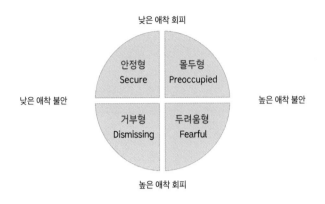

낮은 애착 회피

을까 봐 두려워서 상대에게 극도로 집착합니다. 거부형은 자기에 대해서는 긍정적이나 상대를 믿지 못하고 무시하는 경향이 있습니다. 자기의 독립성이 침해될까 두려워 친밀한 관계를 형성하기를 주저합니다. 두려움형은 자신과 타인에 대해 모두 부정적인 관점을 가지고 있어 상대에게 거부당할까 봐 새로운 관계 형성을 두려워합니다.

　애착과 스트레스 대처방식의 관계를 규명한 마리오 미컬린서(Mario Mikulincer)의 연구에 따르면, 어린 시절 부모와 안정 애착을 가진 사람은 긍정적인 분노 표현을 하는 반면, 불안정 애착을 형성한 사람은 비효율적인 분노 표현을 한다고 보고했습니다. 불안정하게 애착을 형성한 사람은 분노상황에서 자신의 감정을 통제하지 못하고 부정적 반응을 표출한다는 것입니다. 어린 시절부터 성인이 되기까지 20여 년 동안 종단연구를 한 결과, 유아기에 불안정 애착을 보였던 사람들 중 28%가 이후에 불안장애를 겪은 반면, 안정 애착을 보였던 사람들은 13%만이 불안장애를 겪었습니다.

안정 애착을 가진 사람은 타인에 대한 신뢰감과 긍정감을 가지게 되고 자기 자신도 존중합니다. 심리적 안정감을 유지할 수 있는 분노조절력도 가지게 됩니다. 자기가 애정을 느끼는 대상에 따라 애착 형태를 조절하며 친밀한 관계를 형성하게 됩니다. 반면에 불안정 성인 애착을 가진 사람은 상대를 신뢰하지 못하는 불안감 때문에 관계에 과민한 반응을 보입니다. 관계 단절과 집착 사이에서 분노 폭발 또는 분노 억제 방식을 취합니다. 자기의 감정과 분노를 인식하거나 조절하기 어려워합니다.

보이의 아빠처럼 분노를 폭발하는 사람은 소중한 관계를 고통스럽게 파괴합니다. 보이의 아빠는 어린 시절 아버지가 자기에게 쏟아부은 화로 인해 내면에 깊은 상처와 분노가 쌓여 있었습니다. 이해할 수 없고 받아들이기 힘든 아버지에 대한 원망과 미움이 자기도 모르는 사이에 터져 나오는 것입니다. 아빠는 자기의 화를 표현하는 방법 중 단 하나, 분노 폭발에 매여 있습니다. 나의 신체 기관이 정상적으로 기능해야 건강을 유지할 수 있듯 나의 분노 표현 방식도 점검해야 건강하고 행복한 관계를 유지할 수 있습니다. 화가 날 때 내가 화가 난다는 것을 인지해야 합니다. 이제 그 감지된 화를 어떻게 표현할 것인지 선택해야 합니다. 분노 통제의 스위치를 켜야 할 때입니다.

성인애착 유형검사지

문 항	전혀 아니다	거의 아니다	약간 아니다	보통 이다	약간 그렇다	상당히 그렇다	항상 그렇다
1 내가 마음속 깊이 어떻게 느끼는지를 파트너에게 드러내지 않는 편이다.	1	2	3	4	5	6	7
2 파트너로부터 버림받을까 봐 걱정한다.	1	2	3	4	5	6	7
3 나는 파트너와의 관계가 친밀할 때 매우 편안하다.	1	2	3	4	5	6	7
4 내가 맺는 관계들에 대해 걱정을 많이 한다.	1	2	3	4	5	6	7
5 파트너가 가까이 다가오기만 하면 나는 물러서게 된다.	1	2	3	4	5	6	7
6 내가 파트너에게 관심을 갖는 것만큼 그 사람이 내게 관심이 없을까 봐 걱정한다.	1	2	3	4	5	6	7
7 파트너가 내게 너무 가까워지려고 하면 나는 불편해진다.	1	2	3	4	5	6	7
8 파트너와 헤어지게 될까 봐 걱정을 많이 한다.	1	2	3	4	5	6	7
9 파트너에게 내 모든 것을 보여주는 것이 편하지 않다.	1	2	3	4	5	6	7
10 내가 파트너에 대해 느끼는 만큼 그 사람도 내게 강한 감정을 갖기를 바란다.	1	2	3	4	5	6	7
11 마음은 파트너와 가까워지고 싶은데 실제로는 늘 주저한다.	1	2	3	4	5	6	7
12 나는 파트너와 완전히 하나 되고 싶을 때가 많은데 그러면 상대방은 겁은 내며 멀어져 간다.	1	2	3	4	5	6	7
13 파트너와 너무 가까워지면 불안하다.	1	2	3	4	5	6	7
14 나는 혼자 있게 될까 봐 걱정한다.	1	2	3	4	5	6	7
15 나의 사적인 생각과 감정을 파트너와 편안하게 나눌 수 있다.	1	2	3	4	5	6	7
16 사람들과 매우 가까워지고 싶은 나의 바람은 때로 사람들을 겁먹게 해서 멀어지게 한다.	1	2	3	4	5	6	7
17 나는 파트너와 지나치게 가까워지는 것은 피하려 한다.	1	2	3	4	5	6	7
18 내게는 파트너가 나를 사랑하고 있다는 확인이 늘 필요하다.	1	2	3	4	5	6	7
19 나는 비교적 쉽게 파트너와 가까워진다.	1	2	3	4	5	6	7
20 때로 나는 내가 파트너에게 좀 더 감정을 표현하고 좀 더 우리 관계에 몰두하라고 강요한다는 생각이 든다.	1	2	3	4	5	6	7
21 나는 파트너에게 의지하는 것이 어렵다.	1	2	3	4	5	6	7

문항	전혀 아니다	거의 아니다	약간 아니다	보통 이다	약간 그렇다	상당히 그렇다	항상 그렇다
22 나는 버림받는 것에 대해 별로 걱정하지 않는다.	1	2	3	4	5	6	7
23 나는 파트너와 지나치게 가까워지지 않는 것을 선호한다.	1	2	3	4	5	6	7
24 파트너의 관심을 끌지 못할 때, 나는 짜증나거나 화가 난다.	1	2	3	4	5	6	7
25 나는 파트너에게 모든 이야기를 다 한다.	1	2	3	4	5	6	7
26 나의 파트너는 내가 원하는 만큼 나와 가까워지고 싶어하지 않는다는 생각이 든다.	1	2	3	4	5	6	7
27 나는 대체로 내 문제와 고민을 파트너와 의논한다.	1	2	3	4	5	6	7
28 사귀는 사람이 없을 때 나는 좀 불안하고 불안정해진다.	1	2	3	4	5	6	7
29 나는 파트너에게 의지하는 것이 편하다.	1	2	3	4	5	6	7
30 파트너가 내가 원하는 만큼 내 옆에 있어 주지 않으면 좌절감을 느낀다.	1	2	3	4	5	6	7
31 나는 파트너에게 거리낌 없이 위로와 충고와 도움을 청한다.	1	2	3	4	5	6	7
32 내가 필요로 할 때 파트너가 없으면 좌절감을 느낀다.	1	2	3	4	5	6	7
33 힘들 때는 파트너에게 의지하는 것이 도움이 된다.	1	2	3	4	5	6	7
34 파트너가 나를 인정하지 않을 때 난 내 자신에 대해 정말 기분이 나빠진다.	1	2	3	4	5	6	7
35 나는 위로와 안심 등 많은 것들을 파트너에게 의지한다.	1	2	3	4	5	6	7
36 파트너가 나를 떼어놓고 시간을 보내면 화가 난다.	1	2	3	4	5	6	7

출처: 문형춘, 「친밀관계경험척도(ECRS)」 박사학위 논문, 가톨릭대학교 대학원, 2007.

● 채점 방법 (*는 역채점)

애착 회피(홀수) 2, 4, 6, 8, 10, 12, 14, 16, 18, 20, 22*, 24, 26, 28, 30, 32, 34, 36
애착 불안(짝수) 1, 3*, 5, 7, 9, 11, 13, 15*, 17, 19*, 21, 23, 25*, 27*, 29*, 31*, 33*, 35*

1) 안정 애착: 애착 회피 문항(홀수)의 합이 42점 이하/애착 불안 문항(짝수)의 합이 47점 이하
2) 불안정 회피애착(거부형): 홀수의 합이 42점 이상
3) 불안정 양가애착(몰두형): 짝수의 합이 47점 이상
4) 불안정 혼란애착(두려움형): 홀수의 합이 42점 이상이며 짝수의 합이 47점 이상

평상시 나의 분노 표현 방식은 무엇일까요? 내비게이션이 작동하기 위해서는 현재 위치를 알아야 하듯 나의 정서적 성숙을 위해서는 현재 나의 상태 점검이 우선입니다. 아래의 성인 애착유형검사지를 통해 자기의 유형을 확인해볼 수 있습니다.

위드쌤의 마음 거울

1. 화가 났을 때, 어떻게 표현하나요?
   (분노 폭발, 분노 통제, 분노 억제 중 선택해보세요.)

2. 내가 그렇게 분노를 표현하는 이유는 무엇일까요?

3. 검사지에 나타난 당신의 성인 애착 유형은 무엇인가요?

내 인생의
밑그림

윌리엄 셰익스피어(William Shakespeare)는 "자기 자신을 아는 부모는 슬기롭다"고 했습니다. 부모가 자신의 시간과 에너지를 희생하며 자녀를 기르는 것보다 자녀에 대해 아는 것이 중요하다는 의미 아닐까요?

우리 모두는 이런 슬기로운 부모를 원했지만 과연 얼마나 많은 사람들이 부모님이 나를 잘 안다고 생각할까요? 사람은 자기 자신도 잘 알지 못하는 유한한 존재이기에 사랑하는 자녀라 할지라도 그들을 있는 그대로 수용하고 이해하기 어려운 것 같습니다.

무언가를 알기 위해서는 지식이나 정보를 가지거나 경험을 통해, 또는 마음으로 깨달을 수도 있습니다. 앎이라는 결과에 이르기 위해서는 먼저 그 대상을 보아야 합니다. 본다는 것은 스쳐 지나듯 보는 see, 의도를 가지고 자세히 보는 look, 의사가 환자의 상태를 진찰하듯 관찰하는 observe의 단계로 나눌 수 있습니다. 내가 낳아 기르는 자녀라 할지라도 '알지 못함(not-knowing)'의 태도로 관찰할 때 나와 독립된 인격체로서 존중하며 알아갈 수 있습니다.

정서적 샴쌍둥이, 미분화

아이의 작은 움직임과 소리에 민감하게 반응해주는 양육자는 아이를 잘 관찰하고 무엇을 필요로 하는지 알 수 있습니다. 이런 돌봄을 받은 자녀는 자기 존재의 소중함을 알고 무언가를 하고 싶은 의지가 생겨납니다. 새로운 소리도 내어보고, 공부를 열심히 하고 자기의 삶을 성실히 살아가려고 노력할 것입니다. 완벽하지 않아도 부모와 충분한 정서적 교류를 주고받으며 성장한 사람은 자기가 무엇을 원하고 느끼는지를 표현하는 것이 자연스럽습니다.

가족치료학자 머레이 보웬(Murray Bowen)은 원가족인 부모로부터 정서적으로 독립하여 자기의 지성과 정서를 조절할 수 있는 능력을 '자기분화'라고 표현합니다. 자기분화가 낮은 사람은 높은 불안 때문에 가족으로부터 정서적으로 독립하기가 어렵습니다.

성인이지만 부모로부터의 독립이 힘든 원인은 크게 두 가지입니다. 첫째, 부모의 갈등이나 이혼, 가족의 질병 등의 상황 때문에 부모로부터 정서적 돌봄을 받지 못하고 오히려 자녀가 부모나 가족을 위로하고 배려하며 살아온 경우입니다. 부모를 대신하여 동생을 돌보거나 때론 부모의 하소연을 들어주는 부모의 부모 역할을 하는 것입니다. 한국 사회는 유교 문화의 영향으로 효를 강조하는 가족 중심적 문화로 가족 내에서의 역할과 책임을 강조하는 경향이 있어 서구에 비해 정서적 독립이 상대적으로 어렵습니다.

둘째, 평균 이상으로 자녀의 일상과 진로를 통제하는 부모가 자녀 대신 모든 일을 선택하고 결정하고 과보호하였기에 성인이지만 주도적으로 살아가기 힘든 케이스입니다.

너무 일찍 철이 들어 어른으로 살아온 경우든, 아직 철이 들지 않은 미성숙한 경우든 모두 부모와 정서가 삼쌍둥이처럼 붙어 있는 미분화 상태라고 할 수 있습니다. 이들은 부모의 요구가 우선이었기에 자신의 정서를 느끼고 표현하는 것을 부적절하게 여겨 억압하거나 회피하는 습관이 있습니다. 우울과 불안, 대인관계의 문제를 경험하며 각종 성격장애를 경험할 가능성이 높습니다.

이들의 부모가 자녀를 잘 안다고 할 수 있을까요? 양육자와의 관계에서 형성된 부정적 정서 패턴인 핵심 감정은 개인의 사고와 행동, 대인관계 방식에 영향을 미치는 무의식적 에너지입니다. 어린 시절의 욕구나 바람이 좌절되면 마음의 상처로 남아 성인이 된 이후에도 자존감이 낮고 자기가 원하는 것을 잘 알아채지 못하여 삶의 의미나 목적을 발견하기 어렵게 됩니다. 현재 대인관계나 삶이 무의미하다고 생각된다면 최초의 인간관계인 부모와의 상호작용을 주목해볼 필요가 있습니다. 부모는 내 인생의 밑그림을 만드는 사람이기 때문입니다. 나의 부족을 부모의 탓으로 돌리라는 의미가 아니라 나의 결핍이 어디서 발생하였는지 알아야 한다는 말입니다. 현재 내 인생의 그림의 바탕색과 선의 모양을 알아야 수정하고 보완해 나갈 수 있습니다.

나를 부끄러워하는 부모님에게 화가 납니다

최근 상담한 30대 초반의 청년이 떠오릅니다. 그는 의사 부모님이 제공해주는 안락한 환경에서 자랐지만 마음 쉴 곳이 없습니다. 완벽주의에 성격이 급한 그의 아버지의 눈에 비치는 자신은 늘 부족하고 못마땅한 아들입니다. 기대하는 만큼 성적이 나오지 않자 아버지는 고등학교 1학년 때 도피성 미국 유학을 보냈습니다. 최선을 다해 노력하여 인지도가 높은 주립대학에 입학했지만 원하던 전공이 아니라서인지 공부도 힘들고 무엇보다 문화의 장벽으로 인한 우울증 때문에 견디지 못하고 귀국할 수밖에 없었습니다. 돌아와서는 혼자 수능을 준비하여 취업이 보장되는 지방 대학을 졸업했습니다. 그러나 이 모든 사실은 비밀에 부쳐져 친척들을 비롯하여 아버지와 연관된 모든 사람들은 그가 미국 대학을 졸업하고 돌아온 줄로 알고 있다는 것입니다.

아버지의 자존심 때문에 자기의 존재 자체가 거짓과 위선으로 덮여버렸다는 현실이 이 젊은이의 숨통을 조여옵니다. 한심스럽다는 듯이 보는 아버지의 표정이 너무나 부담스럽고, 항상 무언가를 지적당할 것만 같아 아버지를 피해 다니고 있습니다. 그의 뜨거운 눈물에서 이제는 진정한 자기 삶의 주인으로 살아가고 싶은 마음을 읽었습니다. 수많은 시행착오를 거듭하며 그는 조금씩 아버지로부터 독립하고 있습니다.

상담은 지금보다 더 나은 삶을 살고자 하는 몸부림입니다. 아니 우리 모두에게는 자기의 잠재력을 실현하고자 하는 선천적 동기가 있습니다. 상담 장소에 온다는 것은 성장과 변화에 대한 의지와 에너지가 있음을 의미합니다. 내가 누구인지, 살아갈 이유를 잃어버린 이들에게 심리학 이론을 바탕으로 내가 경험한 결핍과 성장 노하우를 적용할 때 그들이 내면의 힘을 얻고 변화되는 모습은 무엇으로도 바꿀 수 없는 상담사로서의 보람과 기쁨입니다.

부모로부터 상처받은 모든 이들이여, 당신을 이해하고 수용할 수 없었던 부모의 불안과 무력함을 인정하기를 바랍니다. 부모의 부모로 살아온 사람, 혹은 아직 부모의 아이로 머물러 있는 사람이라면 이제 자기 자신을 스스로 관찰하며 알아가야 합니다. 내가 무엇을 원하고 어떻게 살아가기를 원하는지. 인간이기에 나약하고 무능할 수밖에 없었던 부모를 원망하거나 비난하는 태도는 자기의 미성숙함을 증명할 뿐입니다. 새로운 삶을 시작하기 위해서는 과거에서 비롯된 현재의 나의 결핍에 대해 절망해야 합니다. 그리고 희망하십시오. 내 인생의 그림을 스스로 그리는 진정한 성인이 되기로.

위드쌤의 마음 거울

1. 나의 부모님이 나를 잘 모른다고 느낄 때는 언제인가요?

2. 내 인생의 밑그림의 느낌을 어떤 색으로 표현할 수 있을까요?
밝고 희망찬 느낌-노랑 / 무기력하고 우울한 느낌-회색 / 안정되고 믿음직한 느낌-파랑 등

3. 부모로부터 정서적으로 독립하는 데 걸림돌은 무엇이라 생각하나요?(부모님의 집착과 개입 / 나의 부모에 대한 의존심)

죄책감　　：

부모와
함께 있는 것이
불편한 당신

대상관계학자 임종렬은 "종교적인 신은 그 신을 믿는 인간의 마음을 지배하지만 양육자인 어머니 신(神)은 아이가 믿든, 믿지 않든 아이의 인생을 마음대로 관리하는 권한을 가지고 있는 신이다."라며 자녀에게 미치는 어머니의 영향력에 대해 묘사한 바 있습니다. 그가 말한 어머니는 주 양육자로서, 현대적 의미로는 부모가 됩니다. 따뜻하고 아름다운 사랑의 여신 아프로디테 같은 부모를 만나느냐, 전쟁과 공포의 신 아레스 같은 부모를 만나느냐에 따라 아이는 기쁨과 희망의 나라에서 살아갈 수도 있고 슬픔과 두려움에 사로잡혀 살아갈 수도 있다는 의미입니다.

　　부모는 당신을 낳아 길러준 사람이자 이 세상에서 가장 당신을 사랑하는 사람입니다. 이 말이 마음에 와닿지 않거나 의심이 든다면 당신은 자식 된 도리로 부모를 돌봐주고는 있지만 그 관계가 편치는 않을 것입니다. 부모님이 당신을 위해 돈과 시간과 엄청난 에너지를 희생했기 때문에 그런 감정을 느끼는 것에 죄책감이 들고 그런 자기 존재가 부끄러울 수도 있습니다. 머릿속에 수많은 단어가 날아다닐지도 모릅니다. 호로자식, 불효자식, 배은망덕 등등……. 지고지순의 숭고한 사랑을 받은 당신은 왜 부모를 만나는 것이 불편하고 가급적 빨리 그 시간을 모면하고 싶어 할까요?

지금 부모와 관계가 불편하다는 것은 어린 시절 부모님의 돌봄이 내가 원하지 않는 방식이었을 가능성이 많습니다. 나에게 부모가 필요했을 때 돌봄이 결여되었거나, 나의 자유로워지고자 했던 욕구가 지나친 보호로 인해 좌절되었기 때문입니다. 사랑은 본질적으로 시간과 공간을 공유하고 싶은 감정입니다. 내가 부모와 함께 시간과 공간을 사용하는 것이 불편한 이유, 한마디로 부모와 나의 관계를 점검해보아야 합니다. 그렇게 당신들의 시간과 에너지를 쏟아부어 주었건만 내가 부모와 가까이 있는 것이 왜 불편한지를 말입니다.

생존의 문제가 시급했던 시대를 살아온 그분들은 자녀의 정서를 살피고 채워줄 여력이 없었습니다. 육체적 질병이나 부족한 교육의 기회가 걸림돌이었을 수도 있습니다. 부모님 세대는 부모 역할의 중요성을 배우지 못한 채 부모가 되었습니다. 자식에 대한 본능적인 사랑과 의무로 살아왔던 것입니다.

운전면허가 없는 사람은 교통사고를 낼 가능성이 크고, 의사 면허 없이 수술하는 것이 위험하듯, 부모가 될 준비 없이 어쩌다 부모가 되었다면 본인도 자녀도 그 관계가 고통스러울 수 있습니다. 부모와 자녀 모두가 만족한 관계를 만들어가는 행복한 부모의 역할을 알아볼까요?.

부모가 되기 전에 먼저 어른이 되어야 합니다

부모가 되기 위해서는 재력과 학벌, 사회적 지위가 필요한 것일까요? 부모가 되기 위해서는 먼저 성인, 어른이 되어야 합니다. 신체적으로 성장해야 하고 정서적으로도 성숙해야 합니다.

어른의 사전적 의미는 다 자라서 자기 일에 책임을 지는 사람입니다. 성실히 일하여 자기의 생계를 공급할 줄 알고 자기의 감정과 신체를 잘 관리해야 합니다. 신체적으로 성장해야 할 뿐 아니라 자기의 감정을 잘 조절하며 다른 사람의 감정을 살필 줄 아는 정서적인 어른이 되어야 합니다.

어른과 아이의 차이점은 자기중심적이냐, 그렇지 않으냐에 있습니다. 자기의 유익을 관철시키기 위해 다른 사람의 입장을 배려하지 않고 고집부리는 것이 아이의 특징입니다. 마트에서 원하는 것을 사달라고 떼쓰는 아이처럼 다른 사람의 상황과 감정을 존중하지 않는 미성숙한 태도를 지닌 사람은 무늬만 성인이지 어른이라고 하기 어렵습니다.

먹고 살기 어렵다고 자식을 버리는 사람, 나의 감정이 소중하다고 배우자와 자식을 소홀히 하고 다른 이성에 눈이 홀린 무책임한 사람, 자기의 분노와 억울함을 배우자와 자녀에게 쏟아내는 괴물 같은 사람의 자녀가 바르게 성장할 수 있을까요? 공부를 잘해야만 자식으로 인정하는 부모, 다른 사람에게 자랑할 거리를 만들어야 사랑해주는 조건적인 사랑에 익숙한 자녀는 다른 사람이 아닌 자기를 낳아준 부모 때문에 자기의 존재가치를 느끼지 못하게 됩니다. 문제 있는 자녀는 없다, 다만 문제 부모가 있을 뿐이라는 말이 있습니다. 부모가 부모답지 않으면 아이가 제대로 성장할 수 없습니다.

부모의 역할은 자녀를 어른으로 성장시키는 것입니다. 미성숙한 부모는 아이를 양육할 수가 없습니다, 아이가 아이를 양육할 수는 없는 법입니다. 왜냐하면 아이가 성장하여 자립하기까지는 오랜 인내와 수고를 요하는 어른의 일이기 때문입니다. 모기는 7~14일이면 성충이 되고 개는 태어난 지 1년 반이면 사람의 스무 살에 해당해서 이미 성견이 됩니다. 고양이도 1년 정도면 다 성장하지만, 인간은 성장하기 위해 많은 학습이 필요하고 뇌 구조가 복잡해서 많은 에너지가 필요합니다. 뇌가 폭발적으로 성장하는 만 다섯 살에 육체적 성장이 가장 더딘 이유가 거기에 있습니다. 사람이 자립하기 위해서는 최소한 10~12년의 기간이 필요한데 육체적인 돌봄뿐 아니라 마음도 돌봐주어야 합니다. 우리의 마음은 지(知), 정(情), 의(意)를 포함하는 인격의 총체입니다. 자녀의 가치관, 감정, 삶의 의지와 태도를 살펴야 합니다. 부모가 아이의 정서 상태에 대해서는 소홀하면서 학습에만 관심을 가진다면 학부모로서의 역할만 하는 것입니다. 학부모로서의 기간은 길어야 평균 20년입니다. 그 이후 50여 년을 만들어갈 건강한 부모-자녀 관계가 더욱 소중하지 않을까요?

자녀 마음에 찍힌 자국

무엇을 알고 잘하는 것 이상으로 중요한 것이 마음의 건강입니다. 우리의 마음은 태어날 때부터 선천적으로 가지고 있는 잠재력과 양육자와의 상호작용으로 만들어집니다. 태어나 처음 맺는 인간관계가 빚는 핵심 역동은 평생에 걸쳐 자기 자신에 대한 느낌과 세상에 대한 관점을 결정하는 심리모형입니다. 어린 시기에 부모와의 관계에서 느낀 감정은 자녀의 인격에 몰딩(molding) 됩니다. 부드러운 마음에 찍힌 자국은 시간이 지나도 선명하게 남아 있습니다. 이 심리모형은 부모와의 관계뿐 아니라, 이후 친구, 연인, 부부, 그리고 자녀가 성인이 된 이후 부모와의 관계에서도 반복됩니다. 내가 나를 가치 있는 사람으로 생각하고 누군가와 친밀한 관계를 형성하는 능력은 성인인 자기가 만든 것이 아니라 초기 양육기에 양육자와의 관계에서 만들어졌다는 의미입니다.

지금 내가 부모와의 관계가 불편한 이유는 어린 시절의 경험과 느낌에 기반한 것입니다. 전적으로 부모의 돌봄에 의존해야 했던 시기에 부모의 사랑과 관심을 받기 위해 무의식적으로 노력했지만 그 바람이 좌절되었던 피곤함의 결과입니다. 온전한 자기로서 발육하고 자유롭게 자기 세계를 탐험하고 싶은 시기에 너무 많은 통제와 제재를 받으며 성장했기 때문입니다.

어른다운 부모는 자기중심적이 아니라 자녀의 상황과 감정을 살필 줄 압니다. 자기의 주장을 관철시키기 위해 아이의 감정을 무시하기보다 대화로 문제를 해결합니다. 부모가 자기의 감정을 통제하지 못한다는 것은 아이가 만든 상황 때문이 아니라 부모의 내면이 불안정하기 때문입니다. 때로 아이의 행동에 비례적이지 않게 과한 반응을 보이는 부모는 내면에 미해결된 부정적 감정이 있다는 증거입니다.

완벽한 사람이 없듯 완벽한 부모도 없습니다. 그러나 나의 부모가 객관적으로 어떤 부모였는지 아는 것은 현재 나의 심리적 상태를 회복시키고 부모와의 관계를 재설정하는 데 반드시 필요합니다.

중요한 사실

마거릿 와이즈 브라운의 그림책 『중요한 사실』에는 숟가락이 무엇으로 만들어졌든 앞이 둥글어 밥을 뜰 수 있어야 하고, 풀은 초록색이며 부드럽고 냄새가 향긋한 것이며, 바람은 보이지 않지만 물체를 흔들고, 하늘은 언제나 저 높은 곳에 있다는 내용이 있습니다. 나는 한때 아기였고 지금은 어른이라는 것, 중요한 사실은 '나는 바로 나'라는 것을 강조합니다.

어린아이는 부모에게 사랑받고 보호받는 것이 당연합니다. 그 기본 욕구가 결핍되었기 때문에 지금의 내가 괴로운 것입니다. 아마 부모님에게는 나름대로의 상황이 있었을 것입니다. 건강상의 문제, 경제적 결핍이나 한 쪽 배우자가 기능을 하지 못해 이중역할을 해야 했을 수도 있습니다. 그러나 어린아이였던 나는 부모의 관심과 보호가 필요했다는 사실도 분명합니다. 내가 미성숙한 부모 아래서 때론 스스로 부모 역할을 하기 위해 몸부림치며 가짜 자기를 만들며 살아야 했다는 것을 인정해야 합니다.

있는 그대로의 나를 표현하지 못하고 외롭고 슬프고 화난 감정을 아닌 척 숨기던 습관에서 벗어나야 합니다. 성숙해진다는 것은 익숙한 가짜 자기를 벗어버리고 참 자기를 찾아가는 것입니다. 가짜 자기를 벗는다는 것은 번데기가 허물을 벗고 나비가 되는 것만큼 어려울 수 있습니다. 누에고치는 허물을 다섯 번이나 벗는다고 합니다.

성인인 내가 아직 부모 때문에 힘들다는 것은 나의 감정이 부모에게 의존되어 있다는 것입니다. 가짜 허물을 벗어야 진짜 나로 살아갈 수 있습니다.

지금 부모와의 관계가 불편하다는 것은 변화하고 성장하고자 하는 몸부림입니다. 부모를 있는 그대로 인정하는 것이 중요합니다. 부족하고 소홀했다고 분노하고 있나요? 진정한 성인이 되고 싶다면 부모가 원했던 나의 가짜 자기의 가면을 벗고 참자기를 발견해야 합니다. 이제 성인인 자기의 인생에 책임을 질 수 있어야 합니다. 부모가 내 앞길에 장애물을 놓았더라도 이제 성인인 나는 그 장애물을 치우든지 넘어갈 수 있어야 합니다. 어린 나는 부모라는 파도를 컨트롤할 수 없었지만, 성인인 나는 지금 내 인생의 키를 잡고 방향을 바꿀 수 있습니다.

위드쌤의 마음 거울

1. 부모님과 관계된 긍정적인 추억을 세 가지 떠올려보세요.

   1)

   2)

   3)

2. 부모님에게 느꼈던 부정적인 기억이 있다면 어떤 것인가요?

3. 지금 내가 부모님과 함께 있는 것이 불편하다면 그 이유는 무엇일까요?

돌봄　：

그래서
내가 나의 부모가
되어야 합니다

공기업에 취업하여 인정받는 30대 A씨, 늘 삶이 공허한 것 같고
습식장애가 있습니다. 작은 일에도 분이 끓어오르고 쇼핑중독
이 있는 30대 B씨, 이 정도 성공했으면 인생을 좀 즐겨도 될 듯
한데 끊임없이 스스로를 채찍질하는 자기 자신 때문에 힘들다
는 대기업의 팀장 40대 C씨, 세 사람 모두 다른 사람들이 부러
워할 만한 조건을 가지고 있는 것 같은데 상당 기간 문제가 지
속되어 온 이유는 무엇일까요? 다양한 관점에서 보아야 하겠지
만 그들의 문제를 풀기 위해서는 부모와의 관계를 되짚어볼 필
요가 있습니다.

　A씨의 불안한 정서와 공허감 뒤에는 어린 시절 부모님이 너
무 바빠 늘 혼자였던 외로움의 그늘이 있습니다. 스스로를 돌보
고 보호하며 자랐던 그녀는 혼자 버려진 것 같은 무가치한 느

낌이 들곤 했습니다. 지금도 집에만 오면 밀려오는 허기 때문에 식탐을 주체할 수가 없습니다. B씨는 부모님이 경제적 여유가 있으시지만 거의 모든 재산을 남동생에게만 주시고 자신은 어릴 적부터 자식으로 인정받지도 못하는 것 같아 힘들어합니다. 회사에서는 능력자로 인정받는 C씨는 40이 넘은 지금까지도 엄마가 자기를 어린아이 취급하며 시댁, 남편과의 관계까지 간섭합니다. 자신의 약점을 들춰내며 상처를 줄 때면 당장이라도 관계를 끊고 싶지만 아버지에게 버림받고 어린 3남매를 키워 온 엄마를 나 몰라라 할 수가 없습니다.

드러난 현상은 다르지만 이들의 공통적인 문제는 어린 시절에 형성된 부모와의 불만족스러운 관계에서 기인합니다. 부모(parent)의 어원은 라틴어 'parens'로 '출산하다'라는 뜻을 가지고 있습니다. 결국 부모란 자녀를 낳으면 자연스럽게 얻게 되는 지위이며 그 역할이 부여된다는 뜻입니다. 신체적으로는 준비되었지만 정신적, 경제적 준비가 되지 않은 상태에서 부모가 되었을 때 자녀의 건강한 성장과 발달에는 제동이 걸릴 수 있습니다. 아이에게 부모는 태어나 처음으로 관계를 맺는 타자(他者)입니다. 생애 초기에 부모라는 타자와의 관계에서 형성된 기본 신뢰감은 이후 만나는 모든 사람들과의 관계 패턴을 결정합니다. 어린아이였을 때의 그 초기 경험이 우리의 정신세계를 형성하여 현재 우리의 사고와 정서, 그리고 행동에까지 영향을 미칩니다. 이 정신의 다이내믹을 깨달아야 과거와 현재를 구분하여 내 부모의 자녀로서의 '나'가 아니라 성인으로서의 나로 살아갈 수 있습니다.

사랑하지만 저는 독립할게요

대상관계 심리학에서 분리-개별화는 아이가 양육자로부터 신체적 정서적으로 분리되어 자기만의 개별적인 특성을 가지게 되는 과정입니다. 1차 분리-개별화는 태어나 5개월 무렵부터 서너 살 사이에 일어나는데 나와 엄마가 하나가 아니라는 것을 인식하게 되고 외부세계에 관심을 가지면서 시작됩니다. 엄마에게 생존을 의존하고 공생관계 있던 아이가 자율성을 확보하여 개별적인 존재가 되려는 몸부림으로 볼 수 있습니다. 2차 분리-개별화는 후기 청소년에서 성인 초기에 부모로부터의 심리적 독립, 심리적 탄생이라 할 수 있습니다.

독립과 의존은 동전의 양면과도 같습니다. 자기를 보호하고 스스로 필요를 충족할 수 없는 유아가 부모로부터 충분한 돌봄, 의존을 경험해야 분리와 독립을 할 수 있습니다. 배고프다고 우는 이유는 우유가 제공되리라는 믿음이 있기 때문입니다. 바닥을 기던 아이가 일어서서 한 걸음 한 걸음을 떼기 위해서는 내 뒤에서 부모가 지켜보고 있다는 것을 확인해야 합니다. 이 시기에 경험하는 유아의 전능감은 자존감의 뿌리가 됩니다. 신처럼 원하면 다 이루어지는 전능감은 내가 환영받고 대단한 존재라는 긍정적인 자기인식을 심어줍니다.

양육 초기의 부모의 부재나 무관심한 환경은 부정적 자기상을 가지게 합니다. 왠지 모를 공허감과 죄책감에 시달리게도 합니다. 특히 청소년 시기는 성장 초기의 충족되지 못한 욕구들과 내면의 상처들이 여과 없이 표출되는 질풍노도의 시기입니다. 환경적 정서적 결핍이 일탈과 방황, 문제행동으로 이어지기도 합니다. 결여된 부모의 사랑과 돌봄을 친구나 이성, 술과 담배 등 물질을 통해 충족시키려는 갈망이라 할 수 있습니다.

돌봄의 결핍만큼 우려되는 것은 지나친 개입이나 침범입니다. 우리나라는 부모의 교육열이 지나치게 높아 부모가 자녀의 학업과 생활 전반을 주도하고 과보호하는 현상을 볼 수 있습니다. 자녀의 주변을 맴돌면서 간섭하는 '헬리콥터 부모', 자녀의 성공에 걸림돌을 알아서 다 없애주는 '잔디깎이 맘'이라는 용어가 생겨날 정도입니다. 지식기반의 사회로 접어들면서 교육 기간은 늘어났지만 취업의 기회는 줄어들어 부모와 자녀의 동거 기간이 길어지고 있습니다. 자녀의 실수와 실패를 용납하지 못하고 대학 입학과 수강 절차, 취업과 결혼에 이르기까지 끝도 없이 간섭하는 자녀 사랑, 누구를 위한 것일까요?

자녀의 성공에 대한 집착은 부모 자신의 인생 실패에 대한 두려움 때문은 아닐까요? 부모가 자녀의 삶에서 독립하지 못하고 있는 셈입니다. 이러한 부모의 지나친 개입과 통제는 성인이 되어도 부모에게 정서적, 경제적으로 의존하는 캥거루족, 몸은 어른이지만 아이로 남아 있고 싶은 피터팬 증후군(Peter Pan syndrome)을 만든다는 것은 이상한 일이 아니지요. 2차 분리-개별화의 걸림돌이 바로 부모의 불안입니다.

부모가 자녀를 고유한 인격체로 인정하지 않고 선택과 결정의 주도권을 쥐고 있으면 자녀가 적극적이고 책임감 있게 성장하기 어렵습니다. 독립성과 개별성, 자율성을 강조하는 서구와는 달리 부모와 자녀 간의 상호의존적이고 관계 중심적인 우리 사회에서 표현되지 못한 자녀의 불만과 분노는 다양한 부적응과 심리적인 문제를 야기하게 합니다. 성인이 되어서도 자기가 원하는 것을 선택하고 결정하기 어려워합니다. 자기중심적인 사고에서 벗어나지 못해 대인관계의 어려움을 겪기도 합니다.

이제는 내가 나의 부모

어린 시절 우리 엄마는 하루 종일 노래를 부르곤 했습니다. 자라면서 엄마의 노래는 외롭고, 고달픈 삶에 대한 탄식이요, 한숨임을 알게 되었습니다. 노래로 풀리지 않는 날은 나의 실수를 꼬투리 삼아 폭풍 잔소리를 퍼부으며 공갈과 협박성 발언을 일삼기도 했습니다.

심리학을 공부하며 나는 내 안의 깊은 슬픔과 마주하게 되었습니다. 딸로서 엄마의 삶의 무게를 공감해주지 못했던 죄책감과 그럼에도 불구하고 어린 나를 그렇게 다그치던 엄마에 대한 원망의 양가감정에서 벗어나지 못하고 있는 나를 발견하게 된 것이었죠. 과거의 나처럼 성인이 되었음에도 불구하고 부모와 분리-개별화를 하지 못한 사람들이 적지 않습니다. 자식으로서 부모의 부정적인 측면을 인정하는 것이 나쁜 일인 것처럼 죄책감을 느끼기 때문입니다. 이런 자녀는 몸은 부모와 떨어져 살아도 정서적인 분리가 되지 않았기에 여전히 상처를 주고받습니다. 어떤 이는 아예 남남처럼 단절되어 살아가기도 합니다. 모두 정서적 의존상태를 벗어나지 못한 결과입니다.

성인이 된 자녀가 어린 시절 부모에게 받은 상처를 어떻게 치유할 수 있을까요? 부모에게 마음을 터놓았을 때 부모가 수용하고 용서를 구한다면 이제는 성인 대 성인으로 이상적인 관계를 이어갈 수 있겠지만 지난 일에 대한 기억소환이 점점 어려워진 부모에게 그것을 기대하기란 쉽지 않습니다. 혹 부모님이 돌아가셨거나 오히려 자녀를 비난하며 죄책감을 부추긴다면 또 한 번의 좌절을 겪을 위험성이 있습니다. 이제 더이상 부모에게 기대하는 과오를 범하지 않아야 합니다. 지금까지 부모 때문에 힘들었다면 이제는 다른 방법이 필요합니다. 부모는 그럴 수밖에 없는 그분들의 역사가 있었고 나는 나의 역사를 만들어가야 합니다.

당신이 성인이라면 이제 스스로 자기의 부모가 되어 자신을 돌보고 자기의 삶을 책임지기로 결심하기 바랍니다. 나의 신체적 정신적 필요를 해결하며 지금의 나, 과거의 나, 다가오는 미래의 나까지 누구도 탓하지 않고 스스로 떠안아야 합니다.

'셀프 부모' 처방전 세 가지

A, B, C씨를 비롯해 성인으로서의 '나'로 살아가기 원하는 사람들을 위해 '나 돌봄 처방전' 세 가지를 제안합니다. 스무 살이 넘은 성인이라면 과거 부모와의 관계가 어떠했든지 그 영향에서 벗어나야 합니다. 부모와 성인 대 성인의 성숙한 관계를 만들어가야 한다는 거죠. 부모만 돌보며 자기를 돌보지 못했다면 부모의 요구 때문에 어쩔 수 없이 부모의 요구에 응하는 수동적인 자세가 아니라 시간과 에너지, 그리고 경제적 한계를 스스로 정해야 합니다. 부모의 돌봄에 의존되어 스스로를 돌보지 않았다면 이제 능동적으로 자신을 돌보아야 합니다.

돌본다는 것의 의미는 무엇일까요? 부모교육학자 아미르 레빈(Amir Levine)의 연구를 기초로 세 가지를 생각해봅니다.

첫째, 나의 생존을 돌봐야 합니다. 신체적 건강을 유지하고 자신을 안전하게 보호할 수 있어야 합니다. 적당한 운동과 균형 잡힌 식단, 그리고 규칙적인 생활 습관을 유지해야 합니다. 어린 시절 부모의 돌봄의 부재를 탓하며 자신을 몸과 마음을 학대하는 합리화는 이제 멈추어야 합니다. 자신의 외롭고 허전한 마음을 깊이 공감해주면서 나의 삶을 관리해야 합니다.

둘째, 스스로 경제적 필요를 공급해야 합니다. 부모의 간섭과 제재는 거부하면서 경제적으로는 의존해서는 안 됩니다. 건강이 허락하는 한 최대한의 경제활동을 통해 수입을 만들어야 합니다. 그 수입에 맞춰 지출하는 능력을 길러야 합니다. 부모와의 관계에서 성인으로서 존중받기 원한다면 경제적 독립은 필수입니다.

셋째, 자기 삶에 주도권을 가지고 내적, 사회적 성장을 추구해야 합니다. 부모의 기대를 채워주고 인정받으려 고군분투하는 노력을 내려놓고 내가 진정 원하는 방향을 찾아야 합니다. 일의 결과보다도 내가 나의 삶을 선택하고 결정하는 그것이 바로 성공적인 인생입니다. 작은 것부터 스스로 시작하고 매듭짓는 성공 경험을 쌓아가야 합니다. 나를 돌볼 수 있어야 누군가를 돌보는 사람이 될 수 있습니다. 사회에서 선배로서의 역할도 잘하고, 연인이나 배우자와의 친밀한 관계도 만들어 갈 수 있습니다. 이제는 부모가 요구하는 나, 부모에 의존하는 타율적인 삶이 아니라 독립적이고 자율적인 삶을 살아야 합니다. 독립적이지만 부모와 유기적이고 조화로운 코스모스의 관계를 만들어가기 바랍니다.

1. 현재 나는 성인으로서 스스로 생존, 경제적 필요, 내적 성숙을
   책임지고 있나요?

2. 위의 세 가지 중에서 내가 잘하고 있는 것은 무엇인가요?

3. 나의 돌봄이 더 필요한 요소는 무엇이며 어떻게 채울 수 있을
   까요?

제4부

불안을
넘어

비난 :

나는
어떤 인생 각본을
쓰고 있는가

8년째 대리로 일하는 A씨, 도무지 흥미와 적성이 맞지 않아 사표를 내고 평소 관심 있었던 일러스트 일을 하겠다고 했을 때 직장 선배들의 고나리질에 맞서야 했고, 결혼 적령기를 넘기면 안 된다고 주말마다 엄마가 짜놓은 맞선을 보던 B씨는 결혼이 자기의 행복의 조건이 될 수 없다는 것을 깨닫고 비혼을 선언해 한동안 부모님으로부터 들들 볶여야 했습니다. 프랑스 작가 샤를 페팽(Charles Pépin)은 "자신감이란 모르는 것을 향해서도 마치 알고 있는 것처럼 달려나갈 수 있는 어린아이 같은 능력이다."라고 했습니다. 자신감의 근거와 이유를 지나치게 검열하다 보면 실행조차 못한다는 말이 됩니다.

'결정하다'라는 단어 'decision'은 '잘라내다'라는 뜻의 라틴어 'decidere'에서 유래했습니다. 무언가를 결정하기 위해서는 내가 진정으로 무엇을 진정 원하는지 탐색하고 중요하지 않은 곁가지들을 잘라낼 필요가 있다는 말입니다. 무엇을 잘라내고 무엇을 붙들어야 할까요?

승자각본, 패자각본

교류분석심리학에 의하면 개인의 자아는 부모 자아, 어린이 자아, 그리고 성인 자아로 구성되어 있습니다. 이 세 가지 자아 상태는 이론이나 개념이 아니라 개인이 이전에 경험한 실제 인물이나 시간, 장소, 감정들이 실생활에서 표현되는 것입니다. 세 가지 자아가 균형을 이룰 때 가장 긍정적으로 살아갈 수 있습니다. 부모 자아는 다시 양육적 부모 자아와 비판적 부모 자아로, 어린이 자아는 순응적인 어린이와 자유로운 어린이로 분류할 수 있습니다. 이 다섯 가지 자아 중에 어떤 자아의 영향을 많이 받느냐에 따라 우리의 성격이 형성되고 인생을 살아가는 태도가 만들어집니다.

무언가를 할 때 비판적 부모 자아의 영향을 많이 받으면 다른 사람의 평가나 사회의 규칙에 매여 살아가게 됩니다. 회사에서 불공정한 일을 당해 자기 권리를 주장해야 함에도 불구하고 순응하는 어린이 자아가 발휘될 경우 자기 목소리를 억제하게 되는 것입니다. 성인으로서 주도적인 삶을 살지 못하게 되는 거죠. 교류분석의 창시자 에릭 번(Erick Berne)은 인생을 드라마 각본으로 비유하여 위 다섯 가지 자아를 기초로 승자각본, 평범한 각본, 패자각본으로 분류했습니다. 승자란 자신이 설정한 목표를 달성한 사람입니다. 결국 승자각본은 이전에 부모나 다른 사람 또는 환경에 의해 만들어진 수동적인 삶을 사는 것이 아니라 자기가 원하는 목표를 설정하고 이루는 태도를 일컫습니다. 패자는 자기만의 인생 각본을 쓰지 못하고 자기의 책임을 다른 사람에게 전가합니다. 혹 내가 선택한 일에 대해 다른 사람들의 기대와 다른 반응으로 머뭇거리거나 포기한 적이 있나요?

너도 맞고 나도 맞아

자신감 충만한 주인공을 내세운 제시 밀러의 『청바지를 입은 수탉』의 이야기입니다. 평소 패셔니스트인 수탉은 주문한 옷이 도착하자마자 입어봅니다. 블링블링 금색실 자수가 허리부터 발끝까지 박힌 청바지입니다. 자기의 날씬한 다리를 더 길고 멋지게 강조해주는 청바지를 입고 이웃 동물들의 칭찬을 기대하며 동네 마실을 나갑니다. 이웃들의 시큰둥한 반응까지는 참아보려 했는데 키득키득하며 흉보는 까마귀와 덩달아 놀려대는 다른 동물들 때문에 그들을 피해 헛간으로 숨어버립니다.

헛간에서 다시 거울에 자기 모습을 비춰 본 수탉의 눈에는 새 청바지를 입은 자기의 뒤태와 다리가 여전히 매력적으로만 보입니다. 엉덩이보다 더 튀어나온 배나, 어린 새끼들을 돌봐야 할 때의 불편함 따위는 중요하지 않습니다. 그는 다른 동물들의 비아냥을 뚫고 힘차게 '꼬끼오~'를 외치며 지붕으로 달려갑니다. 그제야 자신감 넘치는 수탉을 칭찬하는 암탉을 선두로 다른 동물들도 그의 용기를 응원해주었습니다. 모두가 인정해주지 않았지만 주눅 들지 않고 자기의 판단과 결정을 신뢰한 수탉, 정말 대단한 것 같습니다.

수탉에게 까마귀를 비롯한 동물들의 비웃음은 '그러면 안 돼!'라는 비판적 부모 자아를 활성시킵니다. 이들의 인생 각본은 'I'm ok, you're not ok'(자기긍정+타인부정)라고 할 수 있습니다. 나는 괜찮은 사람이지만 너는 아니라는 메시지를 보내는 것입니다. 수탉은 다른 동물들의 피드백에 멈칫하며 위축되었지만 금방 자기의 결정을 존중하는 어른 자아를 회복합니다. 나를 신뢰하고 다른 사람도 신뢰하는 'I'm ok, you're ok'(자기긍정+타인긍정)의 유형입니다. 어떤 사람들은 'I'm not ok, you're ok'(자기부정+타인긍정)로 자기를 인정하지 못하고 자책하는 사람도 있고, 'I'm not ok, you're not ok'(자타부정)의 태도로 나를 비롯한 모든 사람과 삶에 대해 비관적인 입장을 취하기도 합니다. 인생의 태도가 형성되기까지는 양육자의 양육방식이 많은 영향을 미치지만, 우리 인간은 자기실현의 경향성이 있기 때문에 자신의 선택과 결정을 통해 더 나은 삶으로 나아갈 수 있다는 것이 교류분석학파의 주장입니다. 'b(birth)와 d(death) 사이의 c, choice'라고 했던 장 폴 사르트르(Jean-Paul Sartre)가 떠오르네요. 결국 인간은 태어나 죽을 때까지 남의 판단과 평가에 휘둘리며 살 것인지, 자기만의 가치 기준에 의해 결정할지 선택해야 하는 운명에 처해 있다고 할 수 있겠습니다.

나의 인생 각본은 내가 쓰는 것

우리가 살아가는 4차 산업혁명 시대를 VUCA의 시대라고 표현합니다. 불안정(Volatility), 불확실(Uncertainty), 복잡(Complexity), 모호(Ambiguity)하다는 것입니다. 예전처럼 4지선다식 정답을 찾던 시대가 아니라 답이 없는 모호한 시대 속에서 자기 스스로 답을 찾아가고, 답을 만들어가야 합니다. 끊임없이 자기를 신뢰하며 답을 찾으려는 사람에게는 안개가 걷히고 가려졌던 길이 보일 것입니다.

만약 수탉이 청바지를 입자마자 맞닥뜨린 비난의 화살을 맞아 쓰러졌다면 어떻게 되었을까요? 사실 상처라는 것은 외부에서 주어지는 자극이기는 하지만 그 자극에 대해 스스로 의미를 부여하지 않는다면 그 상흔은 크지 않을 것입니다. 상처를 받았다는 말은 타인이 자기에게 흠집을 내도록 통제권을 내어주는 것과 같습니다. 수탉은 헛간에서 거울을 다시 보는 순간 타인의 평가를 잘라내고 자신감을 계속 가지기로 결정했습니다. 다른 사람으로부터의 통제권을 벗어나 오롯이 본인의 선택과 결정을 존중하게 된 것입니다. 자신이 행복해지는데 다른 사람의 기준이나 평가가 필요하지 않다고 생각한 것입니다. 앞으로 청바지의 벽을 넘어 또 다른 패션에 도전할 수탉이 기대되지 않나요?

멋지고 만족스러운 삶을 살기 위해 타인의 인정이 필요한 사람은 그 욕구가 채워지지 않았을 때 상대를 공격하거나 관계를 회피하게 됩니다. 통제적인 어버이 자아로 살아가는 사람들은 타인의 삶에 개입하거나 비난의 화살을 날리기도 합니다. 그 인생 각본에 참여하여 상처를 받을 필요가 없습니다. 다른 사람들의 평가에 유연하고 성숙하게 반응하는 어른 자아로서의 삶은 '나도 괜찮고 다른 사람도 괜찮다'는 상호존중의 태도를 갖게 해줍니다. 어쩌면 우리는 다른 사람의 판단으로부터 좀 무뎌질 필요가 있지 않을까요?

일본의 신경정신과 의사인 와타나베 준이치(渡辺淳一)는 주변의 시선을 담담하게 받아들이는 태도나 마음 자세를 '둔감력'이라고 표현했습니다. 그는 둔감력이 타고난 재능에 못지않게 중요한 능력이라고 주장합니다. A씨와 B씨가 다른 사람이 써놓은 인생 각본이 아니라 자기가 주인공이 되는 인생 각본을 써내려간다면 어떤 직장에 다니든, 결혼을 하든 하지 않든, 이미 승자입니다.

누구나 한 번쯤은 다른 사람으로부터 날아온 부정적인 평가로 위축된 경험이 있을 것입니다. 이때 필요한 능력이 둔감력이겠지요. 외부의 평가에 신경 쓸 에너지를 나의 고유함을 선택하는 자신감으로 사용하면 어떨까요? 오늘이란 시간은 타인의 비난에는 둔감력을 발휘하고 자신감의 날갯짓으로 힘차게 날아오를 기회입니다.

위드쌤의 마음 거울

1. 주위의 반대에도 불구하고 나 스스로 선택한 일이 있나요?

....

2. 하고 있는 일에 성과가 없어서 비난받거나 포기를 권유받은 적이 있나요?

....

3. 그럼에도 불구하고 계속 추진해 간 일이 있다면 그 동력은 무엇이라고 생각하나요?

....

직업　　　　：

덕질이
업이 되다

영국의 사회철학자 피터 래슬렛(Peter Laslett)은 서드에이지(the third, 제3연령기)의 출현을 예고했습니다. 유년기인 제1연령기, 성인기 및 중간경력직으로 구성된 제2연령기, 노년기인 제4연령기, 그리고 노년기 전 양육의 의무를 마치는 시기인 중년기 이후부터 80세까지를 제3연령기로 표현했습니다.

기대수명이 늘어나면서 중·노년기가 길어지고, 퇴직 이후에도 살아온 만큼 살아야 하는 시대가 되었습니다. 우리나라의 법정 정년은 만 60세지만 실제 평균 은퇴 연령은 53세라고 합니다. 일을 잃었다는 상실과 미래에 대한 불안감이 생길 수도 있지만 그때야말로 정말 내가 하고 싶은 일을 할 수 있는 기회일수도 있습니다. 현대 경영학의 아버지라 불리는 피터 드러커(Peter Drucker)는 '현대 사회는 지식의 세기가 될 것이며 사람들은 끊임없이 배워야 하는 시대가 될 것'이라고 예견했습니다. 그의 말대로, 예전과 달리 대학에서 전공한 지식을 정년까지 써먹을 수 없는 지식의 흐름이 초스피드인 시대입니다. 휴대폰 어플리케이션을 업그레이드하듯 전문지식도 새로운 지식과 기술로 업그레이드해야 한다는 뜻이겠지요. 그 말은 평생 배우는 사람은 평생 일할 수 있다는 의미가 되기도 합니다.

2020년 잡코리아 통계에 의하면 직장인의 평균 이직 횟수는 3.1회로 10년 전보다 1회가 늘어났습니다. 이직 사유는 연봉 불만족이 35.4%, 적성에 맞지 않는다는 답변이 30.5%였습니다. 사회적 이목보다는 자기가 좋아하는 일을 하면서 보상받고자 하는 사람이 많아지고 있기 때문입니다.

학창 시절, 과학과 거리가 멀었던 사람으로 과학 고등학교에서 항공 이론을 가르치게 된 이정욱 씨는 장난감은 꿈도 못 꾸는 시골 동네에서 종이비행기를 날리며 놀곤 했습니다. 어느 날 TV에서 종이비행기 오래 날리기로 기네스북에 오른 사람을 본 후 혼자 각종 과학 지식을 공부하며 15년 동안 2만 개의 비행기를 접었다고 해요. 이제는 종이를 만져보기만 해도 무게를 알 정도라도 합니다. 동료들과 스포츠 컨설팅 회사를 설립해서 월평균 천만 원 이상 수입을 올리고 있다니 그야말로 좋아하는 것, 덕질이 업(業)이 된 케이스입니다. 『논어』 옹야편에 '지지자불여호지자, 호지자불여락지자(知之者不如好之者, 好之者不如樂之

畜)'라는 말이 있듯이 타고난 재능을 가진 사람보다 그 일 자체를 즐기는 사람의 업무 효율성과 삶의 만족도는 가히 짐작할 수 있겠죠.

취미가 직업으로

따분하고 무미건조한 일상을 살아가다 새로운 진로를 찾은 두 여자의 이야기를 담은 영화를 소개할까요? 노라 에프런 감독의 영화 〈줄리 앤 줄리아〉는 실화에 배경을 둔 인생 성장 스토리입니다. 첫 번째 주인공 줄리는 30대 초반의 민원 담당 공무원이고, 두 번째 주인공 줄리아는 50대 후반의 프랑스 외교관의 아내입니다. 이 두 사람은 나이도 시대적 배경도 달랐지만 자기의 삶을 흘러가는 대로 수동적으로 내버려두지 않고 자기의 내적 욕구를 발견하고 적극적으로 도전했습니다.

줄리는 하루 종일 시민들의 불만, 협박, 때로는 모욕적인 전화를 받는 자기의 일상이 지긋지긋합니다. 당장 일도 그만두고 싶고 시끄럽기 그지없는 뉴욕 변두리, 퀸즈 지역도 벗어나고 싶지만 매달 내야 하는 월세와 생활비 때문에 하루하루를 버텨내고 있습니다.

어느 날, 대학 시절 함께 작가의 꿈을 꾸던 친구들 모임에서 사회적으로 자리매김해 나가면서 경제적으로 윤택하게 살아가는 친구들을 보며 신세 한탄을 합니다. 줄리의 남편은 부러워만

하지 말고 평소 줄리가 좋아하는 요리를 테마로 블로그에 글을 써보라는 제안을 합니다.

사실 줄리에게는 작가의 꿈을 포기할 만큼 아픈 기억이 있습니다. 여러 번 출판사로부터 공들여 쓴 글이 거부당했기 때문입니다. 하지만 블로그에 쓰는 것은 출판 허락도, 에디터의 지적에서도 자유로운 셀프 출판 제작자가 되는 것이라는 남편의 설득에 귀가 솔깃해졌습니다. 줄리는 바로 실행에 옮겨 직접 요리한 레시피를 그날부터 1년간 블로그에 올리겠다고 공지해버렸습니다. 그녀의 요리 코치는 바로 프랑스 요리의 대가 줄리아의 요리책과 비디오였습니다. 블로그 글을 시작으로 그녀는 다시 작가의 길을 걷게 됩니다.

줄리의 요리 교사 줄리아는 프랑스 요리 전문가로서 책과 비디오 교재를 출간하기까지 외롭고 고된 모험을 했습니다. 낙천적인 가정주부였던 줄리아는 외교관인 남편이 프랑스로 발령이 나자 함께 떠납니다. 아는 사람도 없고 말도 통하지 않아 외로운 줄리아는 평소 자기가 좋아하던 프랑스 요리를 배울 곳을 찾습니다. 그 당시 프랑스는 남자들만 요리학원에 등록할 수 있었지만 포기하지 않고 관계자들을 설득해서 홍일점으로 요리를 배우게 됩니다. 영어로 된 요리책이 없어 짧은 실력에 스스로 프랑스어를 번역해가면서 프랑스 요리 맛을 내어갑니다. 프랑스 남자들의 은근한 차별을 견디며 마침내 미국 내 최고의 프랑스 요리 전문가로 등극하였습니다. 일상의 즐거움을 추구하다 전문가가 되었던 것입니다.

네가 있는 곳에서 꽃을 피워라

두 여인의 지치지 않는 고군분투를 보며 네가 있는 곳에서 꽃을 피우라는 말이 생각이 났습니다. "나는 하루 종일 민원전화나 받을 사람이 아니야"라며 뛰쳐나오지 않고 자기가 있는 곳에서 작가의 꿈을 향해 한 걸음씩 나아간 줄리. 50이 훌쩍 넘은 나이에도 언어와 사회적 편견에 아랑곳하지 않고 자기가 좋아하는 일을 통해 성장하고 성공을 일군 줄리아! 그녀들의 삶은 그야말로 자신이 심겨진 곳에서 꽃을 피워 다른 이들에게 용기를 주었습니다.

나 자신의 삶을 돌아보니 교사로서 상담사로서 줄리와 줄리아 못지않게 내면의 성장 요구에 반응하며 살아왔습니다. 그녀들 못지않은 시행착오와 좌절도 경험했습니다. 줄리처럼 지금 내가 입고 있는 옷을 벗어 던져버리고 싶은 격동이 밀려오는 시기도 있었지만 지나고 보니 그 또한 내가 성장해가는 밑거름을 만드는 과정이더군요. 최근에 나의 영역을 넓혀 가기 위해 새로운 문에 들어섰습니다. 속도와 양을 조절하며 나만의 호흡을 가다듬는 중입니다.

직장 생활하면서 한 번쯤 사표를 던져버리고 싶지 않은 사람이 있을까요? 사표를 안주머니에 넣고 다니는 것만으로 스트레스를 견딜 힘을 얻는다는 사람도 있답니다. 적성에 맞지 않는 무료한 일을 반복해야 하는 일상, 어떻게 하면 좋을까요?

진로 설정이나 이직에 있어 가장 중요한 것은 '내가 이일을 얼마나 좋아하는지', '누군가에게 도움이 되는지'를 점검하는 것입니다. 생계나 사회적 가치 때문에 결정한 일은 삶의 무의미와 따분함을 가져옵니다. 삶의 만족과 수입을 동시에 얻을 수 있는 일이 내 업(業)이 되어야 합니다. 요리를 하는 것 못지않게 음식 먹는 것을 즐긴 줄리아가 "bon appetit(본 아페티), 맛있게 드세요"라고 밝게 외칠 때 함께 먹는 사람들마저 즐거웠습니다. 내가 좋아하는 일을 통해 다른 사람에게도 좋은 영향을 줄 수 있다면 얼마나 좋을까요. 지금 당장 직장을 바꾸지는 못한다 해도 내가 하는 업무에 자기만의 맛과 멋을 내는 창작자들이 되기를 바랍니다. 당신의 남은 생애, 어떤 일을 하며 살기를 원하세요?

1. 누가 시키지 않아도 당신이 즐겨 하는 일이 있나요? 왜 그 일을 좋아하나요?

....

2. 내가 즐겨 하는 일을 통해 다른 사람에게 도움을 준 경험이 있나요?

....

3. 내가 즐겨 하는 일을 '업'으로 하려면 어떻게 해야 할까요?

(정보, 데이터 기록, 인맥 등)

....

표현　　　　：

내 인생의
춤

호숫가에 앉아 성큼 다가온 봄볕을 느끼며 밖을 내려다보니 나뭇가지들이 바람에 흔들리는 모양이 제각각입니다. 햇빛을 받아 유난히 반짝이는 물비늘 주위를 감싸고 있는 갈대는 온몸을 뒤흔들며 바람과 혼연일체가 되어 춤을 추는 듯합니다. 한 모퉁이의 동백꽃은 작은 꽃잎들을 흔들며 나 좀 봐달라고 아우성입니다. 호수 중앙의 백자작나무는 아직 새 이파리들이 나오지 않아 이 정도의 바람쯤은 아랑곳 않는다는 듯 꼿꼿이 서 있습니다. 갈대더러 줏대 없이 흔들거리지 말고 체통을 지키라고 한다면 우린 갈대가 주는 스산한 울음소리에 젖는 낭만을 기대하기 어렵겠지요.

　다비드 칼리 작가의 그림책『난 나의 춤을 춰』의 주인공 소녀 오데트는 다른 여자애들처럼 자기도 날씬하고 예뻤으면 좋겠다고 생각합니다. 귀엽고 통통한 오데트는 엄마나 아빠 눈에는 너무 허약한 딸, 친구들 눈에는 너무 뚱뚱한 아이, 담임 선생님에게는 너무 순한 학생, 체육 선생님과 피아노 선생님에게는 가르치기 힘든 학생입니다. 주인공은 정말 어떤 아이여야 할까요?

가끔 우리는 '혼자'라는 외로움과 '함께'라는 불편함 사이에서 어떤 장단에 맞춰 살아야 할지 고민할 때가 있습니다. 다른 사람들과 잘 지내보려고 노력하지만 대인관계가 원만하지 않아 고민하다 찾아오는 분들에게 '조해리의 창(Johari's window)'을 설명해주고 본인이 생각하는 '나'와 가족이나 지인들이 느끼는 '나'를 비교해보라는 미션을 줍니다.

나만 모르는 나

조해리의 창은 조셉 루프트(Joseph Luft)와 해리 잉햄(Harry Ingham)의 이름의 앞 글자를 따서 만든 관계 이론입니다. 사람의 마음에는 나도 알고 너도 아는 나(공개 영역), 나만 알고 너는 모르는 나(비밀 영역), 나는 모르고 너만 아는 나(눈먼 영역), 너도 모르고 나도 모르는 부분(미지 영역)이 있습니다.

공개 영역이 넓은 사람은 자기를 개방하고 다른 사람의 피드백을 수용하기 때문에 친밀한 관계를 잘 유지합니다. 사람에 따라 자기 의견은 잘 표현하지만 다른 사람의 반응은 잘 받아들이지 않는 눈먼 영역이 넓은 유형도 있고, 수용적이고 속이 깊지

공개 영역 나도 알고 남도 알고	눈먼 영역 나는 모르고 남은 알고
비밀 영역 나는 알고 남은 모르고	미지 영역 나도 모르고 남도 모르고

만 자기 이야기를 잘 하지 않는, 비밀 영역이 넓은 사람도 있습니다. 모두에게 가려진, 미지의 영역이 넓은 사람은 사람들과의 접촉을 피하고 고립되어 있는 유형이지만 다양한 경험이나 만남을 통해 개선할 수 있습니다.

내가 생각하는 나도 '나 자신'의 한 영역이고 다른 사람이 보는 나도 그렇습니다. 조해리의 네 가지 창 중에 어느 영역이 가장 큰지 자기를 점검할 필요가 있습니다.

나는 어떤 춤을 추고 있나

일주일 동안 지인들에게 본인을 설명하는 단어 카드를 보내 여섯 가지를 선택해 달라고 부탁한 후 자기가 고른 단어들과 얼마나 겹치는지를 보면 나의 관계 패턴을 짐작할 수 있습니다. 나와 타인이 함께 고른 단어는 공개 영역에, 나만 고른 단어는 비밀 영역, 타인만 고른 단어는 눈먼 영역에, 서로 선택하지 않은 단어는 미지 영역에 넣으면 상대가 보는 나와 내가 보는 나를 비교할 수 있게 됩니다. 가까운 사람이라 할지라도 내가 생각하는 나와, 상대가 고른 나에 대한 단어의 차이가 많다면 어쩌면 나는 그 사람에게 속마음을 잘 드러내지 않아 상대가 진짜 나의 모습을 잘 알지 못한 것일 수 있습니다. 내가 고르지 않은 단어를 다른 사람이 많이 선택했다면 내게는 다른 사람의 말에 귀 기울이지 않는 고집스러움이 있을 수 있습니다. 다섯 명에게 받은 단어를 비교해보면 내가 누구와 가장 많은 소통을 하고 있는지도 알 수 있습니다. 자신의 개방 정도와 피드백 정도를 가늠해보면서 자기의 취약점을 발견하고 고쳐나가려는 노력이 필요합니다.

그렇다고 몇 살쯤에는 결혼을 하고 아이를 낳아야 한다는 지인들의 조언이나, 어떤 전공과 직업을 선택해야 한다는 사회적 전망이나 삶에 대한 가치관을 모두 수용하라는 뜻이 아닙니다. 반대로 자기주장을 굽히지 않고 모두 거부하는 것도 장기적인 관계에 걸림돌이 됩니다. 모두에게 인기 있는 길이라고, 많은 사람이 하는 일이라고 따라 하는 것 또한 나의 성장에 방해가 될 뿐입니다.

반대로 나를 아끼는 진정성 있는 조언이라면 본인의 관점을 재검토하는 노력이 필요합니다. 상대에 대한 존중과 신뢰 없이는 긍정적인 관계를 이어나가기 어렵기 때문입니다.

그럼에도 불구하고 내 인생의 주인공은 나입니다. 누가 시키는 대로, 또 누군가를 따라 추는 춤은 진정한 나의 삶이 아닙니다. 그 안에 기쁨과 보람이 싹트기 어렵습니다. 내 인생 무대의 주인공은 나이고 안무도 내가 만들어야 합니다. 어떤 이는 나의 춤이 너무 느려 재미없다고, 또 다른 사람은 너무 빠르고 현란하다고 하겠지만 때론 느리게 때론 빠르게, 어느 땐 혼자서 또 어느 땐 함께, 나는 나의 춤을 추는 것입니다.

● 아래의 단어 중 나를 설명하는 여섯 개의 단어를 고르세요.
● 그리고 지인들(6명)에게 여섯 개를 골라 달라고 부탁하세요.

1	재능 있는	20	행복한	39	조용한		
2	솔직한	21	슬기로운	40	감상적인		
3	따뜻한	22	이상주의	41	편안한		
4	대담한	23	독자적인	42	종교적인		
5	사악한	24	독창적인	43	참을성 있는		
6	용감한	25	총명한	44	이해심 있는		
7	침착한	26	내성적인	45	자기주장이 강한		
8	배려하는	27	친절한	46	자의식이 강한		
9	쾌활한	28	유식한	47	마음이 넓은		
10	영리한	29	논리적인	48	생각이 깊은		
11	까다로운	30	다정한	49	자신감 있는		
12	수줍은	31	성숙한	50	어리석은		
13	믿음직한	32	겸손한	51	자발적인		
14	위엄 있는	33	겁이 많은	52	호감이 가는		
15	철저한	34	주의 깊은	53	신경이 날카로운		
16	활동적인	35	체계적인	54	신뢰할 수 있는		
17	외향적인	36	민감한	55	융통성 있는		
18	애정어린	37	강한	56	도움이 되는		
19	현명한	38	거만한	57	재치 있는		

출처 https://kevan.org/johari

1. 내가 고른 나를 설명하는 여섯 개의 단어는 무엇인가요?

1)   2)

3)   4)

5)   6)

2. 가족이나 지인들이 선택한 단어들과 나의 단어를 비교해보세요. 가장 많이 겹치는 사람은 누구이며, 반대의 경우는 누구인가요?

3. 나는 조해리의 네 개의 창 중에서 어떤 영역이 넓다고 생각하나요?

성장 :

미나리 같은
인생

얼마 전 아카데미 시상식에서 골든 글로브상을 비롯해 여러 상을 휩쓸어 화제가 된 영화 〈미나리〉를 보았습니다. 미국 이민 가족의 이야기라 귀가 솔깃해졌습니다. 그 가족은 캘리포니아에서 미 남부 아칸소로 옮겨가서 살았습니다. 저희 가족도 미국 유학 시절에 캘리포니아에서 살다가 아칸소 바로 옆 루이지애나주로 옮겨갔기 때문에 영화의 장면 장면이 고향에 온 듯 익숙하고 반가웠습니다. 온 가족이 생존을 위해 열심히 살아가는 장면을 보며 오래된 기억 하나가 떠올랐습니다.

구더기와 춤을

"엄마, 바닥에 하얀 게 꼬물거려요." 어느 날 동생과 놀던 큰아이가 목격한 일을 자랑스럽게 나에게 보고했습니다. 나는 쌀이 쏟아졌나 하고 살펴보니, 역사 속으로 사라진 줄 알았던 구더기가 아이들이 놀던 자리에 버글거리고 있었습니다. 남편이 놀라서 카펫을 들춰보니 그 밑은 구더기 천지였습니다. 재빨리 아이들을 다른 곳에 대피시켜놓고 벌레 잡는 약을 뿌리고 청소하다 보니 내 얼굴은 눈물 반 콧물 반이었습니다. 시댁, 친정 어느 누구도 유학자금을 보태줄 형편이 되지 않았기에 우린 제일 싼 아파트에 세를 얻었습니다. 이전 세입자가 오래 살다 나간 경우에는 카펫을 새로 깔아 주는 것이 일반적인데 그 아파트는 워낙 렌트비가 저렴해서 세입자에게 카펫 비용의 일부를 요구했습니다. 우리는 돈을 아끼려고 오래된 카펫을 세척만 해서 사용하고 있었더랬습니다. 그 아파트는 주로 남미에서 이주해 온 가난한 사람들이 많이 살았는데 그들은 주말마다 늘상 모여 파티를 하고 음식도 기름진 것들이 많아 구더기의 온상이 될 만했습니다. 게다가 그 나라 사람들은 낙천적이고 친절한 반면 위생 관념이 부족한 편이었거든요.

미국에 가자마자 그런 일을 겪었지만 6개월 이상 살지 않으면 위약금을 내야 하는 조건이라 어쩔 수 없이 언제 다시 흰 생명체가 출몰할지 모르는 불안을 안고 살 수밖에 없었습니다. 그동안 누군가 우리 아파트 창문을 깨고 들어와 옷가지들을 훔쳐간 일도 있었고, 지하 주차장에서 내리자마자 따라 들어온 강도에게 목에 걸고 있던 목걸이와 20달러를 빼앗긴 위험천만한 일도 당했지만 뒷자리에 타고 있던 아이와 내가 무사한 것만으로도 감사했습니다.

우리는 계약 기간을 채우자마자 이사했습니다. 법적으로 노동 자격이 없던 나는 암암리에 일할 수 있는 곳을 물색하기 시작했습니다. 한 달 아파트 렌트비를 내지 않으면 바로 홈리스가 되는 미국 경제 시스템에서 서바이벌하느라 정말 고군분투했습니다. 생존의 문제뿐 아니라 유색인종으로 겪는 차별과 언어의 장벽에서 오는 좌절과 설움으로 나는 가끔 숨이 쉬어지지 않을 만큼 가슴 통증을 느낄 때도 있었습니다.

졸지에 피아노 선생님

나는 벼룩 신문이 나오자마자 눈이 빠져라 탐구하고 또 탐구했습니다. 수표 대신 현금을 주는 곳, 아이들을 돌봐줄 사람이 없었기에 두 아이를 남편에게 맡길 수 있는 시간대 일거리를 찾았습니다. 모든 조건을 따져봤을 때 내가 일 할 수 있는 곳은 유치원과 방과 후 학교뿐이었습니다. 한국에서도 잘 모르던 유치원과 사교육 시장이었지만 교사였던 내가 가장 접근하기 쉬운 영역이라 이력서를 냈는데 금방 연락이 왔습니다.

한국인이 운영하는 곳에서 6개월 정도 일하는 동안 학부모들이 내가 행사 때마다 피아노 치는 것을 보고 자녀들의 피아노 레슨을 부탁해왔습니다. 25년 전, 그 당시 일반 시급은 4,500원

정도였는데 피아노 개인 레슨은 시간당 2~3만 원이었습니다. 나는 나의 아이들을 가르치듯 하면 되겠다는 자신감으로 바로 800달러(당시 환율로 한화 약 100만 원)를 주고 미국 할머니로부터 오래된 피아노를 구입했습니다. 남자 둘이면 들 수 있는 나지막한 앤틱 오크 피아노였습니다.

나는 영어 피아노 교재를 사서 음악 용어를 외우며 레슨 준비를 시작했습니다. 차차 유치원 일은 내려놓고 레슨에만 주력했습니다. 거의 출장 레슨이라 남의 집을 방문하는 것이 체질에 맞지 않아 힘들었지만 찬밥 더운밥 가릴 때가 아니었습니다. 한인이 많이 사는 지역이어서 한국에서 유학온 피아노 전공자, 현지 전공자들도 많았는데 나에게 피아노를 배우겠다고 오는 사람들이 너무 고마웠습니다. 감사하게도 한 아이가 오면 그 아이 엄마의 소개로 또 다른 아이가 연결되는 원플러스원이 되는 경우가 많았습니다. 피아노를 전공할 아이의 경우가 아니라면 아이 눈높이에서 엄마처럼 달래고 얼러서 가르치는 나의 스타일을 부모들이 선호했던 것 같습니다.

어느 날, 고등학생을 레슨 하기 위해 가는 길이었는데, 꽤 시간이 늦은 시간이었고, 날도 어두워질 때쯤이었습니다. 갑자기 차가 길에 서버렸습니다. "이 차 너무 오래돼서 트랜스미션이 수명이 다 됐어요. 교체하려면 비용이 부품에 1,000달러 정도, 인건비가 500달러 정도 듭니다." 가까스로 도착한 자동차 정비소에서 청천벽력 같은 말을 들었을 때의 절망감이란! 운전을 할 때마다 중고 똥차가 언제 멈춰 설지 몰라 불안했었는데 드디어 올 것이 온 것입니다. 여기저기 찌그러진 차체에 새 트랜스미션으로 교체한다는 것이 가당치 않았고 중요한 것은 우리에게는 그런 거금이 없다는 것이었습니다. 그렇다고 차 없이는 레슨을 다닐 수 없었기에 당장 차가 필요했습니다. 그 차를 팔아 다른 차를 살 수도 없는 상황이라 과감하게 그 차를 처분하고 새 차를 리스하는 것으로 결정했습니다. 매달 230달러라는 경제적 부담이 더해지기는 했지만 내가 한국에 있을 때도 중고 경차를 몰았는데 미국에 와서 새 차를 타다니, 그때의 안전감과 뿌듯함은 이루 말할 수 없었습니다. 주차를 할 때 아는 사람을 만나도 부끄럽지 않았고 어린 아이들을 태워 다닐 때도 걱정 없었습니다.

레슨은 학생들 방과 후에 시작되기에 나는 아이들을 전에 일하던 유치원에 보내고 영어 ESL 클래스에 다녔습니다. 아메리칸드림을 꿈꾸며 전 세계에서 모여든 사람들과 함께 밥을 먹고 공부하는 동안 영어만 배운 것이 아니라 타 문화권에 대한 시각을 넓히는 계기가 되었습니다. 파란 눈의 20대 초반 프랑스 청년이 나보다 영어를 못하고 발음도 우스꽝스럽다는 것을 알게 되면서 영어에 대한 자신감도 늘어갔습니다. 타 문화권 사람들과의 교류는 내가 국제결혼한 부부들을 위한 상담을 할 때 그들이 느끼는 문화적 이질감과 소외감을 빨리 공감할 수 있게 해주었던 것 같습니다.

미나리로 모든 요리를 다 해서 먹을 수 있어

〈미나리〉의 등장인물 중 할머니의 대사가 가슴을 먹먹하게 했습니다. "미나리는 아무 데서나 잡초처럼 자라고 모든 요리를 다 해서 먹어, 약도 해서 먹고……." 생존에 몸부림치며 살았던 나의 삶이 미나리 같았다는 생각을 해봅니다. 한국에서 교사로서만 살았다면 치열한 생존경쟁에 허덕이는 이들에게 할 말이 있었을지, 주인공 부부처럼 열심히 살지만 수확도 없고 씨앗 창고에 불이 나는 절망의 순간을 경험한 이들에게는 어떤 말을 해줄 수 있었을지 모르겠습니다.

예일대 교수를 지낸 기독교 영성학자 헨리 나우웬(Henri Nou-wen)은 '상처 입은 치유자'라는 용어를 사용했습니다. 나 스스로 생활비를 벌기 위해 굴욕과 수치를 견뎌낸 경험이 있기에 혼자 광야에서 세찬 바람을 맞는 사람에게 지금은 아프지만 그 맷집이 인생에 약이 될 거라고, 땀과 눈물을 흘렸던 시간들은 당신의 삶을 맛난 요리로 만들어주는 소중한 재료가 될 거라고 격려해줄 수 있습니다. 영화를 보며 오래전의 경험이 지금 내 삶의 자양분이 되었다는 것을 깨달으며 가슴이 뭉클해졌습니다.

이제 사회생활을 시작하며 좌충우돌, 많은 실패와 좌절을 겪으면서 포기하고 싶은 분 있나요? 그 좌절은 척박한 땅에서도 열매를 맺게 하는 강한 생명력을 기르게 해주는 귀한 체험입니다. 미나리같이 약이 되는, 가치 있는 삶이 되기 위한 과정이라는 것 잊지 마세요.

위드쌤의 마음 거울

1. 내가 좋아하는 영화는 무엇인가요? 좋아하는 이유는 무엇인가요?

....

2. 이제까지 본 영화 대사 중 기억에 남는 것이 있다면 어떤 영화의 대사였나요?

....

3. 그 대사가 기억에 남는 이유는 무엇인가요?

....

변화   :

내 마음의
데칼코마니

마음이 복잡할 때 흔히 오만가지 생각이 다 든다고 하는데 캐나다 퀸즈대 뇌과학 연구진에 의하면 사람은 하루에 6,000가지 정도의 생각을 한다고 합니다. 1분에만 예닐곱 가지 정도의 생각을 한다는 말입니다. 우리의 뇌는 하나의 문제를 해결하기 위해 쉴 새 없이 생각한다는 뜻입니다. 지금 우리의 마음을 스캔하면 어떤 그림이 펼쳐질지 궁금하지 않나요?

어릴 적 한 번쯤 해보았을 미술 놀이인 데칼코마니는 종이 절반을 접어 한쪽 면에만 여러 가지 색의 물감을 짜서 두 면을 겹쳤다가 떼면 비슷한 모양이 만들어지는 표현법입니다.

벨기에 초현실주의 화가인 르네 마그리트(René Magritte)가 1966년도에 그린 〈데칼코마니〉 작품을 보면 왼쪽에는 풍경을 바라보는 검은 양복을 입은 남자의 뒷모습이, 오른쪽에는 그가 바라보는 푸른 바다와 하늘의 구름이 그려져 있습니다. 그의 내면과 현실이 정말 데칼코마니와 비슷했을까요? 희망과 자유의 상징인 푸른 하늘과 드넓은 바다를 눈앞에 두고도 불안하고 부자유스러운 그의 내면을 표현한 것은 아닌지 상상해봅니다.

가끔 떨쳐지지 않는 걱정거리가 있을 때 아무리 맛있는 음식을 먹어도, 내 눈에 멋진 장면이 보여도 내 마음은 그 아름다움을 받아들이지 못하는 것처럼 말입니다. 그는 기발한 생각과 상상을 표현하기로 유명합니다. 산만한 바위성이 공중에 떠 있는 〈피레네 성〉이나, 천으로 얼굴을 두르고 키스하는 커플을 그린 〈연인〉은 기존의 관념을 깨는 도발적인 작품들입니다. 그가 열네 살 때 어머니가 강에서 투신자살한 것을 목격했는데 그 정신적 충격 때문인지 르네의 작품에는 얼굴을 천으로 덮은 사람이 등장하곤 합니다. 그는 맨얼굴로는 세상을 마주할 자신이 없었던 걸까요, 내면의 상처를 직면할 자신이 없었던 걸까요?

여분 세계가 필요해

오정우 교수는 그의 저서 『예술 수업』에서 우리가 사는 세상을 실질 세계와 여분 세계로 나누어 설명합니다. 실질 세계는 먹고 살아야 하는 현실의 영역이고, 여분 세계는 현실을 벗어나 자기만의 쉼과 충전을 위한 영역이라는 것입니다. 저자는 예술의 반대말이 무감각이라고 지적했는데, 여분의 세계에서 예술을 맛보고 느끼면 각박한 현실에서도 예술적인 감각을 가지고 일상을 예술로 만들어 갈 수 있다는 뜻으로 해석할 수 있을 것 같습니다. 우리가 삶에 최선을 다해 살아가느라 자연과 삶 자체의 아름다움에 무감각해지는 것이 어쩌면 현실 세계의 노예로 전락하는 것 아닐까요? 당면한 문제를 해결해야 한다는 부담이 클수록 의식적으로 나만의 안식처, 피난처 같은 여분 세계를 만들어야 현실에 끌려가지 않고 내가 주도하는 삶을 살아갈 수 있을 것입니다.

악기가 고유의 아름다운 소리를 내기 위해서는 그 안이 비어 있어야 하듯, 우리 또한 자기만의 고유한 색과 향을 내기 위해서는 현실에서 생긴 감정의 찌꺼기들과 정리되지 않은 상념들을 털어내는 작업이 필요합니다. 대단한 예술을 향유하지는 못해도 사랑하는 사람과 살을 부비기도 하고 멍때리며 시간을 보내기도 하는 것은 상한 마음을 추스르고 새로운 에너지를 얻는 여분 세계를 만드는 과정일 것입니다.

지금 나의 태도와 욕구는 일치하는가?

가끔 자기가 진정 원하는 것은 가족과 소소한 행복을 누리며 살아가는 것인데 직무 스트레스나 가족 간의 불화만 가득하다고 호소하는 분들을 만납니다.

하루 종일 주어진 업무를 해내느라 에너지를 영혼까지 끌어

모으다 보면 우리는 '소진'이라는 막다른 벽을 마주할 수밖에 없습니다. 사랑하는 이의 눈을 바라볼 여유도, 내가 원하는 것이 무엇인지를 떠올릴 기력도 없는 상태입니다. 달리기 출발선에서 출발해서 전속력으로 달려가며 힘이 다 빠져 가지만 목표 지점과 다른 방향으로 가고 있는 셈입니다. 먼저, 내가 서 있는 곳이 어디인지 알아야 합니다. 내비게이션도 현 위치를 파악하여 목적지로 안내해주듯, 내가 원하는 삶을 살기 위해서는 현재 내가 '하고 있는' 태도와 습관을 파악해야 한다는 것입니다.

해결되지 않은 문제나 채워지지 않는 욕구를 해결하기 위해서는 오히려 문제에서 빠져나와 멀리서 그 문제를 바라보면 오히려 솔루션이 생기기도 합니다. 긍정 정서를 회복하고 싶다면 내가 원하는 취미나 활동을 할 시간을 설정해야 합니다. 그리고 그것을 실행할 수 있는 계획을 세워야 합니다.

반복되는 업무로 인해 매사에 의욕이 없고 삶이 무의미하다는 P씨, 현실치료 상담이론을 창시한 윌리엄 글래서(William Glasser)의 W-D-E-P를 적용하며 그녀의 삶에서 여분 세계를 만들어보았습니다. 이 과정을 통해 자기가 원하는 삶을 위해 현재의 행동과 태도를 조율하는 것입니다.

먼저 일상에만 몰두해서 살다 보니 자기가 무엇을 원하는지조차 모르겠다고 하는 그녀에게 자기의 버킷리스트를 작성하게 했습니다. 그중에서 본인이 가장 먼저 하고 싶고 쉽게 실천

W	want	목표
D	doing	현재의 행동
E	evaluation	현재 행동을 평가
P	plan	목표 성취를 위한 실행계획

할 수 있는 한 가지를 선정했습니다. 그녀는 승진하고 수입이 많아지는 것보다 일상에서 만족감과 행복을 느끼고 싶었지만, 실제로는 자기 자신을 위해서 시간과 에너지를 전혀 투자하지 않고 회사와 집만 왔다 갔다 하고 있는 자신을 발견했습니다. 곧바로 평소 배우고 싶었던 도자기 공예 클래스에 등록했습니다. 이후 일주일에 두 번 자기만의 작품을 만들면서 얼굴 표정이 달라졌습니다. 인풋(input)이 있어야 아웃풋(output)이 발생한다는 것은 만고의 진리입니다.

어떻게 사는 것이 잘사는 것일까요? 성공적인 삶이란 무언가 대단한 것을 이루고 남보다 많이 누리는 것이 아니라 자기의 작은 바람을 일상에서 추구하는 용기 있는 태도를 가지는 것이 아닐까요?

화가들은 작자 특유의 상상력으로 미술 작품을, 가수는 고유한 목소리로 노래를, 댄서는 특유의 몸짓으로 자기만의 여분의 세계에서 예술을 창작합니다. 우리 모두는 자기만의 여분 세계를 마련해 일상에서 쌓인 부정적 감정을 비어내는 과정을 통해 자기가 원하는 목적을 향해 나아갈 수 있습니다.

지금 내가 원하는 삶의 모습과 현실의 데칼코마니가 전혀 다르다면 내가 원하는 것이 무엇인지 명확하게 인지하고 그것을 얻기 위해서 지금 내가 할 수 있는 한 가지를 실행해야 합니다. 나의 현실 세계를 어지럽히는 그것을 해결하는 방법, 나만의 여분 세계에서 해답을 찾을 수 있습니다.

위드쌤의 마음 거울

1. 지금 나의 삶에서 가장 불만족스럽거나 바뀌고 싶은 점은 어떤 것인가요? (W)

2. 1번을 이루기 위해 내가 하고 있는 행동을 세 가지 정도 써보세요. (D)

1)

2)

3)

3. 2번에 열거한 행동들이 내가 원하는 목표를 이루는 데 도움이 되나요? (E)

4. 나의 목표를 이루기 위해 내가 할 수 있는 작은 행동이 있다면 어떤 것일까요? (P)

중간 대상　：

나의 반려식물,
칼라디움

이른 아침, 며칠 전에 직접 볶아놓은 에티오피아 원두를 갈아 핸드드립으로 내리는 동안 코를 통해 전해져오는 모카 향으로 이미 내 몸과 나의 공간은 행복감 충전 완료입니다. 이어 혀에 닿는 살짝 쌉싸름한 듯 달콤한 커피 방울방울이 목을 축이고 넘어갈 때면 나의 온 신경을 톡톡 건드리며 인사를 건네는 것 같습니다. 나에게 커피는 오늘 하루도 살아있음을 축하하는 나만의 리추얼입니다. 늘 그렇듯 혼커(혼자 커피)하며 베란다의 식물을 바라보는 시간과 공간은 나의 케렌시아입니다. 스페인어인 케렌시아(querencia)는 투우장의 소가 마지막 결전을 앞두고 자기의 호흡을 가다듬는 안식처요 피난처라는 뜻입니다. 블라인드 사이로 들어오는 햇빛을 받고 있는 몬스테라와 칼라디움이 나를 향해 손을 흔들어주는 듯합니다. 공항에서 헤어질 때 딸들이 나를 잡아주었던 가느다란 손가락처럼 말입니다.

"가다가 죽으면 어떡하지?"

떨리는 마음으로 조심스레 흙 묻은 씨앗들을 키친타월로 싸던 딸이 떠오릅니다. 비행기를 타면 24시간 내에 집에 도착할 예정이지만, 둘째딸은 씨앗들이 혹 목이 마를 새라 물을 적셔 지퍼락에 숨구멍까지 만들어주었습니다. 캐리어 안에 아직 눈도 못 뜬 아가들 자리를 널찍이 확보했습니다. 그렇게 나와 함께 한국행 비행기에 올랐던 칼라디움.

12시간의 비행과 인천에서 대구 집까지 도착하는 데 걸린 시간은 대략 17시간 정도, 문에 들어서자마자 씨앗들을 확인하고 공기를 쐬어주었습니다. 다음날 흙과 화분을 사서 15개의 씨앗을 한 알 한 알 조심스레 흙에 뉘었습니다. 영양제 몇 방울도 뿌리고 미국에서 이민 왔으니 한국의 물과 공기에 예민할까 봐 새순이 올라올 때까진 직사광선을 피해 살짝 어두운 곳에 두고 키친타월로 덮어두었습니다. 그렇게 일주일 이상 흘러가도 솜털 하나 올라올 기미가 보이지 않아 얼마나 애간장을 태웠던지…….

빈둥지 증후군 처방전

"어떡하나, 둘째가 빈둥지 증후군을 겪고 있는 갱년기 엄마를 위해 자기가 보고 싶을 때마다 위로를 받으라고 챙겨준 씨앗 처방전인데……."

딸아이의 정성이 헛될까 안타까운 심정으로 하루에도 몇 번씩 들여다보았지만 감감무소식이었습니다. 살았는지 죽었는지 알 길이 없이 열흘 즈음 지나간 후, 드디어 까만 흙더미를 뚫고 연한 순이 하나 올라왔습니다. 너무 반가워 남편과 나는 함성을 질렀습니다. 딸이 결혼해서 아이를 낳으면 이런 기분일까요? 당장 사진을 찍어 가족 톡방에 올리며 우린 새 생명을 함께 축하했습니다. 다음날부터 나는 올라오는 새순의 숫자를 아침저녁으로 세며 아가들이 자라는 기쁨을 누렸지요. 어느새 스물다섯 개의 순이 올라왔고 화분이 그득해졌습니다. 분갈이를 대비해 미리 흙과 분을 마련해두었어요. 아기가 태어나기도 전에 신발이랑 장난감을 사두는 산모처럼 말입니다.

내가 임신한 아이를 빨리 만나고 싶어 불렀던 '아가야 나오너라 달맞이 가자'의 패러디, '아가야 나오너라 열 달 다 됐다'를 부르며 물 한번 주고 뻥튀기처럼 쑥쑥 자라기를 바랐습니다. 어릴 때 아이들이 내 귀에 못이 박이도록 불러주었던 동요 '엄마 앞에서 짝짜꿍, 엄마 한숨은 잠자고 아빠 주름살 펴져라'의 노랫말처럼, 오므려 있던 이파리들이 활짝 펴질 때마다 걱정 근심이 다 사라지는 느낌이었습니다. 핑크 도트 무늬의 옷을 입은 잎들의 핑크 점마다 딸과의 추억이 담겨 있는 듯합니다. 둘째딸은 기나긴 의대 공부 스트레스를 작은 식물 화분을 돌보는 재미로 날린답니다. 특히 칼라디움의 독특한 색과 희귀종 몬스테라 득템을 좋아합니다. 언젠가 방문했던 딸의 자취방 창가에 가득했던 화분들이 얼마나 귀하고 고맙던지요. 나 대신 우리 딸과 함께하며 지내준 그 작은 존재들은 그야말로 딸의 반려식물입니다.

생명에 대한 관심과 애착이 딸을 의사의 길로 들어서게 한 건 아닐까 생각합니다. 분갈이할 때 가는 잔뿌리 하나 다칠세라 조심스럽게 돌보는 딸의 섬세한 손길과, 적당한 햇빛과 수분공급이 필요하다고 자동 수분 공급기와 조명등까지 달아놓는 세심함을 누릴 환자들은 복 받은 사람이겠지요.

너는 나의 리디아

푸름이들을 물끄러미 보고 있자니 데이비드 스몰의 『리디아의 정원』에 나오는 밝고 명랑한 소녀 리디아가 생각납니다. 리디아 아빠가 실직해서 집안 형편이 어려워지자 부모님은 리디아를 멀리 있는 삼촌 집으로 보냅니다. 엄마 아빠를 떠나야 하는 아이의 슬픈 마음과는 달리 기차 안에서 조금 후면 만나게 될 삼촌에게 쓴 편지글은 감사와 기대가 가득합니다.

빵집을 운영하는 삼촌 집에 도착하자마자 리디아는 빵 만드는 법을 열심히 배웁니다. 틈틈이 집에서 가져온 씨앗을 심어 빵집과 동네 분위기마저 바꿔놓습니다. 아무도 돌보지 않은 옥상을 꽃 정원으로 가꿔 삼촌을 깜짝 놀라게 하기도 합니다. 조카를 떠맡아 내심 못마땅한 삼촌의 마음까지 환히 밝혀준 아이 리디아, 리디아는 학자금 융자도 모자라 아르바이트까지 하면서도 늘 밝고 명랑했던 나의 작은딸을 닮은 것 같습니다. 경제적 여건이 안 좋아 삼촌 집에서 살아야 하는 자신의 처지에 주눅 들지 않고 척박한 땅을 일구어 아름다운 꽃을 피운 리디아. 리디아 못지않은 긍정 파워가 가득한 우리 작은딸이 무척 그리운 날입니다.

푸름이들은 나의 중간 대상

참 다행입니다. 딸은 멀리 있어도 몬스테라와 칼라디움이 내 곁에 있으니 말입니다. 아기가 엄마를 떠나 어린이집에 갈 때 곰인형이나 담요를 안고 가는 것처럼 나도 딸 대신 푸름이들을 중간 대상으로 삼아 그리움을 달래보렵니다. 대상관계 심리학자이자 정신과 의사였던 도널드 위니캇(Donald Winnicott)은 유아가 각별하게 여기는 소유물을 중간 대상이라 불렀는데 엄마와 유아 자기 자신, 둘 다를 포함하는 의미입니다. 중간 대상의 포근한 감촉과 온기, 익숙한 냄새에서 엄마를 느끼는 것입니다. 중간 대상에게 말을 건네거나 품에 안고 있는 행동을 통해 외롭고 슬픈 자기 자신을 위로하는 것입니다. 이 중간 대상의 사용은 자라면서 희석되지만, 성인기에도 남아 있기도 합니다. 숨이

죽어 푹 꺼진 베개를 고집하거나 낡고 냄새나는 소파의 천갈이를 하지 못하는 사람도 있습니다. 알코올 중독자가 특정 브랜드의 술이 한 병 가득 있다는 사실로 위안을 받는 경우로 설명될 수 있습니다.

아마 갱년기 엄마에겐 딸이 준 칼라디움과 몬스테라가 중간 대상인가 봅니다. 딸을 보듯 푸름이들에게 물을 주며 건네는 몇 마디는 나의 얼굴과 마음의 주름을 다 펴주는 듯합니다. 식탁에 앉아 마주 보이는 푸름이들을 그저 바라보는 것만으로도 새로운 영감과 힐링이 느껴지는 것은 나만의 착각일까요? 50대 중반의 엄마가 다 성장한 딸이 그리워 중간 대상이 필요하다는 것은 아이가 어릴 때 나를 의존했던 것처럼 이제는 내가 딸을 심리적으로 의존하고 있다는 의미가 아닐까 생각합니다. 아침 식사하는 동안 푸름이들의 시선이 느껴집니다.

"몸매와 건강도 좀 생각하시면서 드세요. 식사 후엔 운동하는 것 잊지 마시고요!" 푸름이들이 내 딸을 대신해 잔소리까지 하네요. 오늘 카페인과 리디아의 긍정 파워에 힘입어 푸름이들처럼 생기 있는 하루를 시작하렵니다. 여러분의 중간 대상은 무엇인가요?

1. 지금 보고 싶은 존재가 있나요?

2. 그리운 대상을 대신할 수 있는 나만의 중간 대상이 있다면 무엇인가요?

3. 그것이 나의 중간 대상이 된 이유는 무엇인가요?

중간 대상   :   나의 반려식물, 칼라디움   **223**

시간　　　：

인생의
숙제

영국 옥스퍼드 사전 팀이 2000년 이후 인터넷에 가장 많이 검색된 단어를 조사했는데 그것은 'Time'(시간)이었습니다. 가진 자나 못 가진 자, 많이 배운 사람이나 그렇지 못한 사람, 그 누구에게나 하루 24시간의 시간은 똑같이 주어집니다. 시간은 힘들다고 LTE 속도로 넘길 수도 없고 아쉽다고 붙들어 맬 수도 없는 불가항력적인 존재입니다. 언제 시간을 가장 많이 확인하나요? 지루하거나 현실이 고통스러울 때겠지요. 같은 한 시간이지만 누구와 무엇을 하며 보내느냐에 따라 그 시간의 의미는 달라집니다. 연인을 기다리는 시간, 합격통지를 기다리는 시간, 사랑하는 아기를 품에 안고 있는 시간, 오랜 질병으로 병상을 지켜야 하는 시간, 그야말로 천태만상입니다. 행복하고 소중한 시간은 순식간에 지나가는 것 같지만 힘겹고 고통스러울 때는 하루가 천년같이 느껴지는 이 시간이란 존재는 삶의 코너마다 속도와 의미가 다른 것 같습니다.

아이는 어른이 되기를 기다리고 머리에 서리가 앉은 이는 어린 시절을 그리워하지만 그 순서는 바꿀 수가 없습니다. 노년을 보낸 후 거꾸로 인생을 살아간다면 어떨까요? 후회도 실수도 상대적으로 적은 성숙한 인격과 지혜를 가질 수 있지 않을까 생각하지만 시간의 불가역성과 창조의 질서는 엄격하기만 합니다.

인생의 숙제는 함께 완성해 가는 거랍니다

발달심리학자 에릭 에릭슨(Erik Erikson)은 유아기로부터 노년기까지를 여덟 단계로 분류하여 발달 시기별로 이루어야 할 과제가 있다고 했습니다. 이 과제는 개인의 신체조건과 정신, 그리고 사회문화적 요소에 의해 영향을 받습니다. 같은 조건을 가진 사람이라도 시대를 달리 태어났거나, 또는 같은 시대라 하더라도 신체적 장애를 안고 태어난다면 과제수행 정도가 다를 수 있다는 의미입니다.

태어나 한 살까지의 영아기 과제는 자기 자신과 세상에 대한 신뢰감을 형성하는 것입니다. 아기는 엄마가 비어 있는 젖병을 채워주고 찝찝한 기저귀를 갈아주기를 기다립니다. 엄마의 미소와 스킨십은 영아가 앞으로 살아갈 세상이 엄마처럼 자기에게 호의적일 것 같은 믿음과 희망을 갖게 합니다. 이런 환경에서 영아는 자연스럽게 숙제를 완성하게 됩니다.

세 살까지의 유아기는 자기의 욕구를 자각하고 표현하는 시기입니다. 아이가 스스로 할 수 있도록 기다려주어야 자율성과 의지력을 기르게 됩니다. 특히 배변 훈련을 할 때 아이를 재촉하고 야단치면 수치심을 느끼고 충동적인 습성을 지닐 수 있습니다. 아이가 원하는 시간을 존중해주어야 합니다.

여섯 살까지의 놀이기는 뇌가 가장 많이 발달하는 시기로 친구들과 뛰놀면서 주도성을 기르는 것이 과제입니다. 놀면서 규칙을 지키고 양보하는 미덕을 배웁니다. 스탠퍼드대학의 심리학자 월터 미셸(Walter Mischel) 팀이 만 네 살의 아동들을 대상으로 한 가지 실험을 했습니다. 달콤한 마시멜로를 주면서 선생님이 돌아올 때까지 5분을 기다리면 한 개를 더 주겠다고 약속했습니다. 5분을 기다렸던 아이들은 15년 뒤 대학입학 자격시험(SAT)에서 더 높은 점수를 받고 사회성도 더 우수했습니다. 눈앞에 있는 달콤함을 참고 기다리기 위해서는 자기의 욕구를 통제하는 힘이 필요합니다. 그뿐만 아니라 내가 기다렸을 때 반드시 약속을 지키는 어른에 대한 신뢰가 전제조건입니다. 상황을 모면하려고 약속을 지키지 않는 무책임한 어른과 사는 환경에서는 규칙과 인내를 기르는 것이 힘들 것입니다.

초등학생의 과제는 열심히 노력해서 성취감을 맛보며 근면성을 기르는 것입니다. 무언가를 배우기 위해서는 참고 기다려야 한다는 것을 깨닫는 시기입니다. 청소년기는 내가 누구인지를 아는 '자기 정체성'을 형성하는 기간입니다. 급격한 신체 변화로 인한 호르몬과 정서의 불안정이 논리적이고 합리적인 대화를 어렵게 합니다.

20~30대 청년기는 일·사랑·우정이라는 과제가 기다립니다. 새로운 관계와 가족을 형성하기도 하고 커리어를 쌓으며 자기를 확장해갑니다. 자기의 일이나 대인관계에서 친밀감을 구축해야 하는 시기입니다. 친밀감의 부족은 다른 사람에 대해 배타적인 태도를 가지게 하여 우울, 불안, 사회공포증, 물질중독 등의 정신병리 및 대인관계의 문제를 초래하기도 합니다.

40대에는 가족과 이웃을 돌보고 사회에 도움을 주고자 하는 '생산성'의 과제를 수행하는 어른이 됩니다. 성공과 성취를 향해 달려가는 청년이 자기의 방향을 점검하고 속도를 조절해야 하는 중년이 되는 것입니다. 중년기는 그야말로 몸과 마음이 예전 같지 않은 위기의 세대지만, 위기(危機)는 위기(爲己)로 해석할 수 있습니다. 인생의 방향과 속도를 조절하며 자기를 바로 세우며 한층 성숙해질 수 있기 때문입니다. 자신의 소유와 재능을 다음 세대에 전수하고 나누려는 관대한 태도를 가지는 때입니다.

수명이 연장되어 일흔 살 정도에 접어드는 노년기에는 자기 인생 전체에 대해 만족하고 수용하는 '자기 통합'의 과제를 마주합니다. 심리학자 다니엘 레빈슨(Daniel Levinson)은 인생을 사계절로 표현했습니다. 새싹처럼 피어나는 아동기의 봄, 신록이 우거진 듯 싱그러운 청년기의 여름, 황금빛 들녘만큼 찬란한 중년의 가을, 추수를 마친 황량한 겨울 같은 노년기입니다. 인생의 겨울에는 나날이 약해지는 기억과 육체의 한계를 경험하며 사회로부터도 멀어져갑니다. 오랜 시간 치료에 의존해야 하는 외롭고 고단한 시간을 견뎌야 할 수도 있습니다.

에릭슨의 발달과제는 전 후 단계에 영향을 미치고, 과제를 성취하기 위해서는 지지적인 사회구조가 필요합니다. 성장기의 아이들에게는 기성세대의 돌봄과 배려가, 경제와 의학의 발달로 기대수명이 늘어난 노년 세대에게는 안정적인 복지제도를 공급하는 성숙한 사회가 제공되어야 합니다. 인생의 발달과제는 벼락치기로 해낼 수 없습니다. 시간과 노력이 요구되고 사회의 지지와 도움으로 함께 만들어가는 것입니다.

나는 무엇을 기다리고 있는가?

다비드 칼리의 그림책 『나는 기다립니다』에는 잠들기 전 뽀뽀를 기다리는 아기와, 친구들과 뛰어놀려고 비가 그치기를 기다리며 창밖만 쳐다보는 아이, 사랑이 맺어지기를 기다리는 연인 등 다양한 기다림이 등장합니다. 태어날 아기를 기다리는 산모, 서로 미안하다는 말을 먼저 해주기를 기다리는 남편과 아내의 기다림에는 초조함이 채워져 있겠지요. 이제 괜찮다는 의사의 말을 기다리는 환자에게 시간의 무게는 얼마나 무거울까요? 사랑하는 아내를 먼저 떠나보내고 자녀들의 전화와 초인종 소리만 기다리는 노인의 기다림은 가슴을 시리게 합니다. 그럼에도 불구하고 그 무언가를 기다린다는 것은 우리가 살아있다는 증거이자 아직 희망이 있다는 뜻입니다.

살아있는 자에게 똑같이 주어지는 24시간을 무엇으로 채우면 좋을까요? 내가 무엇을 기다리는지를 보면 내가 무엇에 의미와 가치를 두는 사람인지 알 수 있습니다. 신뢰와 자율성의 뿌리를 내린 아이는 자기의 시간을 주도적으로 활용할 수 있습니다. 성실하게 살아온 아이는 자기가 어떤 사람인지 고민하며 자기의 진로를 열어갑니다. 자기의 일과 우정, 그리고 사랑하는 사람과 친밀한 관계를 만들기 위해서는 시간도 사람도 기다릴 줄 알아야 합니다. 뿌리를 깊이 내릴수록 이웃과 사회에 아름다운 열매를 남기는 중년이 될 수 있을 것입니다. 마지막 순간에 덧없이 흘려보낸 시간을 아쉬워하며 후회하지 않으려면 내게 주어진 순간들을 사랑과 희망으로 채워가야겠습니다. 당신의 시간에는 무엇이, 또는 누가 가장 많이 차지하고 있나요?

1. 시간이 안 간다고 느꼈던 때는 언제인가요?

2. 나의 인생의 과제 중 최선을 다한 시기는 언제였나요?

3. 지금 당신은 어느 발달 시기에 있으며 당신의 인생 과제를 잘
   수행하기 위해 필요한 사회적 지지구조는 무엇이라 생각하나
   요? (영아기/유아기/놀이기/학령기/청소년기/청년기/중년기/노년기)

나는
마음 거울입니다

저를 잘 아시는 분은 제가 커피 마니아라는 것을 알고 있습니다. 매일 아침 남편이 손수 볶아둔 원두를 갈아 마시는 것은 하루를 여는 나만의 리추얼입니다. 가끔 지인이 주는 새로운 차(茶) 선물도 마음을 설레게 합니다. 그 차들을 나눌 사람들이 있기 때문입니다. 얼마 전 꽃차 덕후인 큰딸이 미국에서 꽃차와 티포트(tea pot)를 보내왔습니다. 보기만 해도 마음이 따스해지는 느낌을 내담자들에게도 고스란히 전해주고 싶어 제 상담실에는 늘 차향이 가득합니다. 추운 겨울을 이기고 가장 먼저 꽃을 피우는 매화차, 항산화 작용과 눈의 피로감을 덜어주는 마리골드, 그 외 재스민과 캐모마일 등 다양한 차를 구비하고 있습니다. 처음 오시는 분들에게는 꽃차의 향과 따스함으로 마음의 긴장을 풀어주고, 장기 내담자들에게는 그들의 취향에 맞는 차를 미리 준비하며 기다리는 것도 제겐 큰 즐거움입니다. 함께 같은 향의 차를 마시다 보면 우리의 대화가 따스한 공감과 마음의 힘으로 채워지는 것을 느낍니다.

예전에는 동네마다 달걀노른자 동동 띄운 쌍화차를 대접하던 다방이 있었습니다. 지금은 별다방, 콩다방, 각종 카페로 대체되긴 했지만, 다방을 찾는 사람들은 커피나 차가 고픈 것이 아니라 자기 속내를 털어놓을 수 있는 공간이 그리운 게 아닐까요? 심리상담은 다른 사람의 마음을 듣고 담아주는 마음의 공간과 같습니다. 상담가로서의 나의 정체성은 내담자가 소화하지 못한 감정 덩어리를 담아 그것을 스스로 보고 느낄 수 있도록 비춰주는 마음 거울이라 할 수 있습니다. 상담 과정을 통해 내담자는 자기의 감정을 다스리며 이전에 보지 못한 자신의 내면과 삶을 재해석하게 됩니다.

생각해보니 저는 어릴 때부터 친구들의 고민거리, 특히 연애상담을 많이 했었는데 누군가의 삶에 관심이 많았던 것 같습니다. 나와는 다르게 생각하고 결정하는 사람들을 보며 그 심리적 기저가 궁금했었습니다. 심리상담이란, 동네 마담처럼 적당한 위로와 공감에서 그치는 것이 아니라 때로는 상처를 직면시켜 수술하듯 도려내기도 하고 자기가 미처 깨닫지 못한 욕구와 동기를 마음의 거울로 비춰주는 것입니다. 그들이 쏟아낸 마음속 이야기에는 아직 지워지지 않은 상처의 흔적도 보이고, 누구에게도 말하지 못한 나의 이야기도 있습니다. 그들의 마음을 듣고 비춰주는 상담사의 길은 먼저 상담자인 나를 성숙하게 하고 내담자의 삶을 성장과 풍요로 이끌어갑니다. 많은 사람의 얽히고설킨 감정의 실타래를 풀며 각자의 상황에 맞는 최적의 솔루션을 함께 고민하다 보면 지칠 때도 있지만, 누군가에게 도움을 준다는 그 자체가 나의 삶의 의미와 에너지를 끌어올리는 일입니다. 하지만 내가 다른 사람의 마음을 듣고 비춰주는 거울로서의 정체성을 찾기까지는 먼 길을 돌아왔습니다.

자기 정체성은 청소년기와 초기 청년기에 형성되는데, 내가 어떤 일을 잘 할 수 있고 어떤 사람이 될 것인지에 대한 '자기인식'으로 전 생애에 걸쳐 변화하고 발달합니다. 심리학자 제임스 마르샤(James E. Marcia)는 정체성을 4단계로 설명했습니다. 첫 번째 단계는 자기 정체성에 대해 생각해보지 않았거나 방향을 어떻게 잡아야 할지 모르는 '정체성 혼미'의 단계입니다. 두 번째 단계는, 자기 스스로 진로를 결정한 것이 아니라 주변 사람들에 의해 정해진 대로 순응한 '정체성 유실' 단계입니다. 세 번째 단계는 자신의 삶에 대해 끊임없이 고민하며 스스로 답을 얻으려고 노력하지만 아직은 확립하지 못한 '정체성 유예'의 단계가 있고, 마지막 네 번째 단계는 '정체성 성취'의 단계로 자기의 가치와 신념에 의해 정체성을 확립하는 단계입니다.. 모두가 획일적으로 이 단계들을 거치는 것이 아니라 어떤 이는 단계를 뛰어넘기도 하고, 어떤 사람은 3단계와 4단계를 반복하기도 합니다. 저도 다른 사람의 마음을 듣고 담고 비춰주는 사람이라는 정체성을 성취하기까지 여러 길을 갔다가 되돌아오기도 했지만, 그 여정에서 만난 사람들, 실패의 경험마저 지금의 나를 있게 한 소중한 재료가 되었습니다.

첫 번째 갈림길, 정체성 유실단계

초등학교 시절 나의 가정통신문에 자주 등장하는 문구는 '밝고 명랑함'이었습니다. 그래서 나는 내가 그런 사람인 줄 알았습니다. 조금 울적하거나 의기소침해질 때면 그것은 내 감정이 아니라고 회피하고 억압했던 것 같습니다. 지금 생각해보면 선생님의 피드백이 틀린 말은 아니었습니다. 나 또한 초등학교 교사였기에 가정통신문은 교사들이 아동을 한 학기 동안 유심히 관찰하여 그 아이를 가장 잘 표현하는 단어를 심사숙고하여 적은 것이라는 것을 알기 때문입니다.

학창 시절 나는 밖에서는 늘 친구들을 몰고 다니며 즐겁고 명랑했습니다. 그러나 집에 돌아오면 정반대였습니다. 그런 나의 겉모습은 내 속의 열등감과 우울감을 포장하고자 하는 무의식적 몸부림이었던 것입니다. 친구들의 인생 고민은 다 들어주면서도 정작 나는 어느 누구에게도 나의 부끄럽고 약한 모습을 들키고 싶지 않아 했습니다. 고등학교 3학년 때 아버지가 사고로 돌아가신 후 나는 어쩔 수 없이 학비가 덜 드는 교육대학교에 입학했습니다. 상황에 의해 나의 길이 꺾인 것입니다. 나의 의지와 상관없이 정해진 길로 터벅터벅 걸어가는 신세가 참 처량하게 여겨졌습니다. 남들은 부러워하는 교사가 되었지만, 방과 후 혼자 교실에 남아 있을 때면 감옥에 있는 것처럼 답답했습니다. 초등학교 아이들과 함께 하는 것은 즐거웠지만, 누군가와의 교감과 소통이 없이 외딴 섬에 있는 느낌이었습니다. '정체성 유실'의 단계에서 삶의 무의미를 경험했던 것입니다.

대학 졸업 이듬해 나는 대학원생인 남편과 결혼하여 남편의 학비와 생활비를 책임지는 가장이 되어야 했고, 내가 하고 싶은 것이 무엇인지 생각지도 못한 채 살아가야 했습니다. 점차 교사 생활에 익숙해지며 8년여의 교사 생활을 하던 중, 남편과 함께 미국 유학의 길에 올랐습니다. 친정과 시댁 누구에게도 경제적으로 기댈 곳에 없었기에 미국에서도 나는 남편의 유학자금과 생활비를 담당할 수밖에 없었습니다. 남편의 진로가 한국으로 정해져 남편의 공부가 끝날 때쯤 시작한 나의 상담 공부는 마치지도 못한 채 미국 생활을 정리하고 귀국하게 되었습니다.

두 번째 갈림길, 정체성 유예

두 번째 길의 방향이 바뀌었습니다. 왜 나는 내가 하고 싶은 공부를 그리도 쉽게 포기했는지, 왜 나의 삶은 철저히 남편의 진로에 의존되어 있었는지. 나는 자신이 아닌 누군가를 위해, 즉 남편과 아이들이 철저히 우선이었던 삶을 살아왔던 것입니다.

교사직 3년을 휴직하고 돌아오려 했던 계획과 달리 10년 만에 한국에 돌아온 나는 경력단절 여성이 되었습니다. 기간제 교사, 영어학원 강사를 전전하며 나의 길을 찾기 시작했습니다. 미국에서는 내가 누구인지 생각할 겨를도 없이 먹고 사는 데 매달려 살았지만 고국에 돌아온 후 나는 나의 정체성에 의문을 가지기 시작했습니다. 그렇게 교사가 되느라 노력하고 경력도 쌓았건만 나는 더이상 교사도 아니었습니다. 언제 잘릴지 모르는 영어 강사로 살아가야 할지, 다시 학교로 돌아갈 것인지 고민해야 했습니다.

나이 40에도 '정체성 유예' 단계에서 고민하는 위기 인생이었습니다. 마흔에 접어든 사추기(四秋期)는 자녀의 질풍노도의 사춘기와 겹쳐 거센 소용돌이가 몰아쳤습니다. 말도 제대로 통하지 않는 우리를 왜 한국에 데려와서 앞길을 망치냐는 두 딸의 반항과 방황이 시작되었습니다. 딸들 덕에 나는 한국에서 교사가 아닌 엄마로 살아간다는 것이 얼마나 힘든 것인지 절감하게 되었습니다.

부모 역할의 한계, 나의 내적 갈등과 더불어 좁혀지지 않는 남편과의 갈등은 접어 두었던 심리상담사의 길로 나를 이끌어 갔습니다. 공부만 하면 될 줄 알고 시작했던 심리상담은 임상훈

런이라는 거대한 벽이 기다리고 있었습니다. 석사·박사과정을 공부하면서 학회 전문상담사가 되기 위한 수련까지 마치고 드디어 마음과 마음이 만나는 심리공간, 위드상담연구소라는 이름을 내걸게 되었습니다. 연구소에서는 상담과 코칭을 하고, 교육청 학부모교육과 외부 기업 강의 등을 통해 나의 영역을 확장시켜 나갔습니다. 우울증으로 무기력에 빠진 내담자를 만날 때면 열등감과 좌절에 절어 있던 나의 젊은 시절의 처방전을, 함께여서 아픈 관계의 문제를 가진 사람들에게는 남편과 지독하게 싸우며 깨달은 나의 관계 솔루션을 처방합니다. 아파서, 부끄러워서 제대로 바라보지 못했던 나의 마음이 외면하고 있던 나의 과거의 조각들이 지금 내 업에 꼭 필요한 처방전의 재료가된 셈입니다.

세 번째 갈림길에서 찾은 나의 인생, 정체성 성취

채인선 작가의 그림책 『나는 나의 주인』을 보며 '이제서야 나는 나의 주인이 되어가고 있구나' 하는 생각이 듭니다. 주인공 소녀는 거울로 자기 몸만 보는 것이 아니라 자기 마음도, 일상도, 얼굴을 살피듯 관찰하는 자기관리의 여왕입니다. 나의 거울에는 언제나 나 아닌 다른 사람들이 있었습니다. 10대에는 엄마 아버지, 그리고 친구들이, 20대에는 남편이, 30대에는 내 아이들이, 마흔이 훌쩍 넘어서야 내 얼굴이, 아니 나의 내면이 조금씩 보이기 시작했습니다. 그제서야 내 마음이 신음하는 소리, 두려워서 화내고 소리 지르는 나와 마주하게 되었던 것입니다. 용기가 없어 외면했던 나의 밑바닥을 하나씩 끄집어내는 것은 겨우 일어선 나를 다시 넘어뜨리는 것같이 고통스러운 작업이었습니다. 그렇게 나를 뒤집어엎는 과정을 거치며 그런 보잘것없는 모습조차 나였다고 수용하게 되었습니다.

그림책 마지막 페이지에서 소녀가 귀뜸합니다.

"주인은 책임지는 사람, 소중하게 보살펴주는 사람, 공중의 새나 숲의 나무들처럼 자기 스스로를 키우는 사람입니다." 가난한 집안 형편, 야속한 부모, 세월을 탓하는 것은 나의 초라한 삶에 대해 책임지지 않으려는 비겁함입니다. 그 누군가, 사회와 시대를 원망하기 전에 내가 원하는 것, 하기 싫은 것, 넘어진 자리에서 일으켜 세워야 할 사람은 바로 나 자신이라는 교훈으로 들립니다.

내 인생의 오전에는 남들이 정해주는 길에서, 다른 사람을 위해 걸어왔습니다. 정작 나 자신이 누구인지 나를 어떻게 돌보아야 하는지 알지 못한 채로……. 중년기인 인생의 오후에 접어들어서야 남이 정해준 길이 아닌 나의 길을 내가 선택하려 나 자신과 또 나의 환경과 부단히 싸우며 조율해왔습니다. 이제는 모든 변명을 내려놓고 굽이굽이 돌아온 나의 길조차도 책임감을 가지고 소중하게 껴안고 갑니다. 그동안은 나의 몸과 마음의 소리를 들을 새 없이 앞을 향해 나아가다 보니 발이 부르트고 지칠 때도 많았습니다. 왠지 모를 공허함과 삶의 무의미가 몰려올 때도 있었지요. 이제야 돌고 돌아 나의 길을 찾았기에 내가 누구인지, 어떤 길을 가야 할지 고민하는 이들이 자기만의 길을 찾는 데 도움을 줄 수 있을 것 같습니다.

지금 어디로 가야 할지 고민인가요? 자기 정체성은 10대에 확정되는 것이 아니라 일생을 통해 변화되고 확장됩니다. 당신의 마음에 귀를 기울여보세요. 당신이 즐기는 커피나 차 한잔과 함께하면 어떨까요? 그 차에 비친 마음이 어떤 불안을 안고 있든지 나 스스로가 포근히 감싸준다면 어느새 떨림은 잦아들고 나도 알지 못했던 속마음을 볼 수 있을 것입니다. 한 번밖에 없는 소중한 나의 삶, 나의 불안이 내 삶을 불행으로 끌고 가지 않게 지금 이 순간의 나를 있는 그대로 존중해주세요.

참고 자료 (본문 수록순)

『메두사 엄마』, 키티 크라우더 지음, 김영미 옮김, 논장, 2018.

『마음이 아플까 봐』, 올리버 제퍼스 글·그림, 이승숙 옮김, 아름다운사람들, 2010.

『아나톨의 작은 냄비』, 이자벨 카리에 지음, 권지현 옮김, 씨드북, 2014.

『마음샘』, 조수경, 한솔수북, 2017.

『너는 특별하단다』, 맥스 루카도 글, 세르지오 마르티네즈 그림, 아기장수의 날개 옮김, 고슴도치, 2002.

『노를 든 신부』, 오소리, 이야기꽃, 2019.

『알사탕』, 백희나, 책읽는곰, 2017.

〈중절모를 쓰고 있는 자화상〉, 빈센트 반 고흐, 1886.

『달에 간 나팔꽃』, 이장미, 글로연, 2020.

『뭐 어때!』, 사토 신 글, 돌리 그림, 오지은 옮김, 길벗어린이, 2016.

『곰씨의 의자』, 노인경, 문학동네, 2016.

『세 강도』, 토미 웅게러 그림·글, 양희전 옮김, 시공주니어, 2017.

『두 사람』, 이보나 흐미엘레프스카 글·그림, 이지원 옮김, 사계절, 2008.

영화 〈정글 크루즈〉, 2021.

『리디아의 정원』, 데이비드 스몰 그림, 사라 스튜어트 글, 이복희 옮김, 시공주니어, 2022.

『핑!』, 아니 카스티요 글·그림, 박소연 옮김, 달리, 2020.

『가시 소년』, 권자경 글, 하완 그림, 천개의바람, 2021.

『방긋 아기씨』, 윤지회 글·그림, 사계절, 2019.

영화 〈The Kid〉, 2001.

『앵그리맨』, 그로 달레 글, 스베인 뉘후스 그림, 황덕령 옮김, 내인생의책, 2014.

『중요한 사실』, 마거릿 와이즈 브라운 글, 최재은 그림, 최재숙 옮김, 보림, 2005.

『청바지를 입은 수탉』, 제시 밀러 글, 바바라 바코스 그림, 김은재 옮김, 에듀앤테크, 2020.

영화 〈줄리 앤 줄리아〉, 2009.

『난 나의 춤을 춰』, 다비드 칼리 글, 클로틸드 들라크루아 그림, 이세진 옮김, 모래알(키다리), 2021.

영화 〈미나리〉, 2021.

〈데칼코마니〉, 르네 마그리트, 1966.

『나는 기다립니다…』, 다비드 칼리 글, 세르주 블로크 그림, 안수연 옮김, 문학동네, 2007.

『나는 나의 주인』, 채인선 글, 안은진 그림, 토토북, 2018.